D. UDO DE HAES

Der singend spielende Kindergarten

Dr. Ita Wegman:

„Man sollte einen Kreuzzug unternehmen
zum Wesen des kleinen Kindes"

D. UDO DE HAES

Der singend spielende Kindergarten

Nach dem vom Autor neu bearbeiteten
„De kleuter en de zangspelletjes"

J. CH. MELLINGER VERLAG STUTTGART

Aus dem Holländischen übertragen und bearbeitet von
Trude Steinhardt-Maurer

Die mit den holländischen verwandten deutschen
Spiele wurden ausgewählt von Lotto Gross, Hamburg

3. Auflage 1987
© 1971 J. Ch. Mellinger Verlag GmbH, Wolfgang Militz Co. KG Stuttgart
Gesamtherstellung: Wiener Verlag, Himberg bei Wien
Printed in Austria
ISBN 3-88069-114-2

Inhalt

I. Die Singspiele in Vergangenheit und Gegenwart

Wie verhält sich das kleine Kind zum rhythmischen Singspiel?

Wer kennt sie nicht noch, die alten Kinderspiele: „Muß wandern, muß wandern. . .", „Zeigt her eure Füßchen. . .", „Wir woll'n den Kranz winden . . ." und all die vielen anderen. Mancher von uns wird sie als Kind noch selbst mitgesungen und mitgespielt haben, und kann vielleicht noch etwas nachempfinden von dem seltsam beglückenden, mitunter sogar großen Erlebnis, das dieses Mitspielen ihm als Kind vermittelte. Auch heute noch vermögen diese Spiele dem kleinen Kinde eine es tief befriedigende Freude zu schenken und — uns selbst nicht wahrnehmbar — seinem innersten Wesen den langsamen Übergang vom noch kosmisch-träumenden Bewußtsein zum voll-wachen irdischen Dasein zu ermöglichen.

Aber. . . die Zeit, wo diese Spiele in schöner Selbstverständlichkeit von Kindern und Nachbarskindern gemeinsam vor dem Haus, im Hof oder auf einer Wiese gespielt wurden, ist eigentlich vorbei. Wohl werden sie noch in den Kindergärten gespielt und gesungen, doch ihr ursprüngliches, natürliches, in gewissem Sinne folkloristisches Bestehen hat damit auch sein Ende gefunden und wir werden abwarten müssen, ob und wie sie sich in den Kindergärten weiterentwickeln. In ihrer neuen Umwelt hängt ihr Fortbestehen zu einem sehr großen Teil von der Kindergärtnerin ab, und zwar von deren eigener Einstellung sowohl den Spielen wie auch dem Wesen des kleinen Kindes gegenüber.

Die modernen gesellschaftlichen Verhältnisse neigen dazu, dieses den Spielen wohlwollende Gegenüberstehen in einer sehr bestimmten Weise zu beeinflussen; und es ist sehr fraglich, ob die Kindergärtnerinnen ihre eigenen Fähigkeiten und diesbezüglichen Bestrebungen trotz dieser Beeinflussung werden verwirklichen können.

Das instinktive Gutgestaltenkönnen der Spiele und das Guterzählenkönnen der Märchen geht mehr und mehr verloren. Wer sich diese Fähigkeit von neuem erwerben will, muß — abgesehen von den vielleicht noch mitgebrachten eigenen Gaben — aus einem tieferen Verständnis heraus das Wesen dieser Spiele und Märchen, wie auch das Wesen des kleinen Kindes selbst, erst in seiner ganzen Tiefe und Größe verstehen lernen. Das erfordert nicht nur ernsthaftes Studium, sondern setzt auch eine innere Schulung voraus, deren Ziel es ist, zu einem neuen Erleben auf diesen Gebieten zu kommen. Wir wollen daher in dieser Studie den Fragen und Aufgaben, die sich dabei ergeben, einmal ruhig unsere Aufmerksamkeit widmen.

Stellen wir diese Spiele, damit wir ihr Wesen und die Bedeutung, die sie für das kleine Kind haben, klar zu erkennen vermögen, den Märchen gegenüber, so unterscheiden die ersteren sich von den letzteren ganz selbstverständlich durch die *Aktion*, durch das *Tun*, wobei zugleich auch der *Rhythmus* eine Rolle spielt. Nun aber ist der Rhythmus etwas, das beim kleinen Kinde und beim Schulkind von innen her von so unterschiedlichem Charakter ist (und sein muß!), daß man bei einer nicht mit Verständnis und Einfühlung gehandhabten Aktivierung des Rhythmus Gefahr läuft, das Kind zu früh aus seinem „Kleinkind-Träumen", d. h. aus seinen traumhaft empfundenen Kindererlebnissen zu wecken, man könnte auch sagen: es sich selbst rhythmisch „wach-klatschen" und „wach-stampfen" zu lassen, und es dadurch zu früh zur Schulkindphase hinzuführen mit allen sich daraus ergebenden bedenklichen Folgen. Das kleine Kind wird durch den *aktiven* Rhythmus (das Klatschen in die Hände oder das Stampfen mit den Füßen, das zu vielen Spielen gehört) vorzeitig für das Schulalter „präpariert".

Wird jedoch so ein Spiel einsichtsvoll und bewußt dieser Gefahr ausweichend, gelenkt, so kann es, gerade durch den hier dazukommenden Bewegungsfaktor, eine so eigene positive Rolle in der Entwicklung auch des kleinen Kindes spielen und so wertvolle eigene Keime für sein späteres geistiges Reifen fördern, daß uns ein intensiveres Vertiefen in dieses Thema eben gerade ganz besonders wichtig sein muß. Auch hier kann, genau wie bei den Märchen, das Streben nach einer bewußten Behandlung des Stoffes, neue Möglichkeiten schaffen. Die Zeit der instinktiven Lebensführung ist zu Ende. Das bringt einerseits, als beinahe notwendige Folge, Veräußerlichung und Verflachung mit sich; doch kann die Entwicklung eines neuen Bewußtseins auf diesem Gebiet uns durch den nicht zu umgehenden Tiefpunkt hindurch und hoffentlich einer von neuem Leben beseelten Zukunft entgegen führen, einer Zukunft, die sich glücklicherweise schon hier und da abzuzeichnen beginnt und in der die in dem kleinen Kinde verborgen liegenden und aus fernen Welten stammenden Reichtümer, die zugleich Keime für das kommende Leben sind, einstmals zu ihrem Recht kommen werden.

Wir wollen versuchen, im Folgenden deutlich zu machen, wie dieses anzustrebende neue Bewußtsein entwickelt und fruchtbar gemacht werden kann für die besondere Handhabung des rhythmischen Elementes in den Kinderspielen und für die verständnisvolle Lenkung und Führung des kindlichen Seelenwesens.

*

Da es hier um die Frage geht, was das *Kleinkind* erlebt, und wie die Spiele auf das *Kind* wirken, ist in keiner Weise beabsichtigt, eine möglichst vollzählige Sammlung dieser Spiele zu behandeln. Es wurden nur einige der bekanntesten ausgewählt, die uns deutlich den Weg zu weisen scheinen zu dem, was Kinder in ihrem Traumbewußtsein an diesen Spielen erleben können. Zugleich wurde auch eine Unterscheidung und Charakterisierung bestimmter Spiel-Typen angestrebt.

II. Rhythmus und Tonfolge

Das rhythmische Element bei Kleinkind und Schulkind
Traum-Rhythmus und Tat-Rhythmus
Die pentatone Tonfolge im Zusammenhang mit dem Rhythmus

Wie so ganz anders Kinder verschiedener Altersstufen ein Spiel, z. B. ein Kreisspiel erleben, zeigt sich am deutlichsten, wenn wir auf das Element des Rhythmus achten.

Als Beispiel Folgendes:

Auf einer sehr belebten Straße in Rotterdam, die wegen des starken Verkehrs nur eine geringe Eile zuließ, sah ich (es mag in den dreißiger Jahren gewesen sein) einige Schulkinder, die da inmitten des Verkehrs und ohne jegliche Leitung eines ihrer Spiele spielten. Sie hatten sich dazu in zwei Gruppen geteilt, die, in die Hände klatschend und mit den Füßen aufstampfend, einander abwechselnd zusangen und sich dabei ebenso aufeinander zu und wieder voneinander weg bewegten. Dies alles spielte sich direkt auf der Straße ab, nicht etwa auf dem Gehweg, der dafür auch viel zu schmal gewesen wäre (Verkehrsbestimmungen spielten damals noch keine sehr große Rolle!). Man wird sich also leicht vorstellen können, daß die zuweilen stets größer werdende Entfernung zwischen den beiden Gruppen nicht dauernd vom hin- und herflutenden Verkehr respektiert werden konnte, und daß sich also Fußgänger, Lieferwagen, ja sogar Autos zwischen ihnen hindurchbewegten. Die Kinder sahen das kaum; sich vollkommen eins fühlend mit dem, was sie taten, gingen sie in ihrem fröhlichen rhythmischen Klatschen und Stampfen und in der ganzen rhythmischen Handlung ihres Spieles völlig auf.

An der einen Straßenseite auf dem schmalen Gehweg stand ein kleines, wohl kaum vierjähriges Mädchen. Es hielt eine Puppe im Arm, doch in diesem Augenblick achtete es nicht auf sein „Kindchen", da es völlig gebannt war von dem, was die großen Kinder taten.

Unbeweglich, mit großen Augen und halb offenem Mündchen sah die Kleine zu; ganz versunken in das, was da geschah. Auch sie sah und hörte nichts von dem Straßenverkehr ringsum. Als sich jedoch eine Haustür öffnete und eine Frau, wahrscheinlich die Mutter, die Kleine bei der Hand nahm, um sie fortzuholen, — stampfte das Kind mit dem Fuß und wollte nicht weg. Bis die Mutter es trotz seines Sich-Wehrens und laut schreienden Protestes auf den Arm nahm und ins Haus hineintrug.

Hier sehen wir deutlich, wie völlig verschieden sich Schulkind und Kleinkind dem Element des Rhythmus gegenüber verhalten.

Die Schulkinder dort auf der Straße, angeführt von einigen größeren, gaben sich ganz aktiv dem streng gehaltenen Rhythmus des Spielens hin; das kleine Kind, obwohl auch vollkommen darin aufgehend, doch unbeweglich zuschauend, brach bei der Störung in ein emotionelles, gänzlich unrhythmisches Schreien und Strampeln aus.

Dem Schulkind ist der *aktive* Rhythmus ein erstes Lebensbedürfnis. Ohne einen sich im Tun, möglichst — z. B. in der Schule — im Künstlerischen äußernden Rhythmus, kann es nicht wirklich gesund leben und sich entfalten.[1]) Und die Zahl derer, die psychisch gestört sind, als Folge eines ihnen in der Jugend erteilten unrhythmischen, phantasiearmen, einseitig-intellektuellen Unterrichtes, ist unermeßlich. Ohne den aktiven Rhythmus im Spiel, im Unterricht und im Leben kann das Schulkind weder gesund aufwachsen, noch seine Fähigkeiten und Gaben entwickeln. Daß dieses Grüppchen Schulkinder in Rotterdam, ohne irgendwelche Betreuung und nur ganz aus der eigenen Bewegung heraus, sich so einfach mitten auf der Straße diesem hin- und hergehenden Spiel überließ, läßt deutlich dieses aktiv im rhythmischen Elementleben des 7—10jährigen Kindes erkennen und zeigt, was man dem Kinde nimmt, wenn man ihm in diesem Alter dieses Lebensprinzip vorenthält.

Ganz anders ist das beim kleinen Kind, vor allem bei den ganz Kleinen von drei bis vier Jahren! Wie forcierend hätte es auf das kleine Mädchen, das da so ganz versunken war in das Spiel der Großen, gewirkt, wenn es da hätte mittun sollen oder gar müssen! Sicherlich waren alle, die dort spielten, Nachbarskinder und ihm gut bekannt. Verlegenheit war es also kaum, was es davon abhielt, einfach mitzuspielen. Es betrachtete das rhythmische Spiel als ein Phänomen, in dem es innerlich ganz und gar aufging, an dem es aber trotzdem unmöglich hätte aktiv teilnehmen können. Passiv, jedoch nur *äußerlich* passiv, gewissermaßen „träumend", kann das Kleinkind im angeschauten Rhythmus mitleben; zum Mittun (von sich aus) ist es noch nicht imstande. Würde man so ein kleines Kind zwingen

---

[1]) Rud. Steiner: Die Erziehung des Kindes vom Gesichtspunkte der Geisteswissenschaft. Rudolf Steiner-Verlag.

oder auch nur langsam und allmählich dazu bringen, an einem solchen rhythmischen Spiel aktiv teilzunehmen (was in diesem Alter mitunter schon möglich ist), so würde man, so behutsam man es auch anstellte, dem wahren Kleinkindwesen des Kindes doch Gewalt antun; man würde das Kind aus seinem noch in Träume gehüllten Kleinkind-Dasein wecken und es einen Schritt näher an die Schulreife heranführen, wodurch eine Phase seiner frühen Jugend ausgeschaltet werden würde. Für sein weiteres Leben würde dies, vor allem im Bereich des tieferen Seelenlebens, eine große, kaum mehr abzuwendende Verarmung zur Folge haben.

Das kleine Kind ist in seinem Tun und Lassen, also in seinem gesamten Willenselement noch a-rhythmisch; und wie es sinnlos und unmöglich sein würde, den Säugling in der Wiege lehren zu wollen, rhythmisch zu strampeln, so ist es bei einem kleinen Kinde zwar nicht mehr ganz unmöglich, aber doch ebenso sinnlos und noch dazu äußerst schädlich, es dem Element des *aktiven* Rhythmus zuzuführen, dem es noch nichts entgegenbringt. Soll eine Entwicklung gesund verlaufen, so muß alles zur richtigen Zeit geschehen und sich in der richtigen Weise entfalten können; und was für das eine Alter ein Segen ist und nicht fehlen darf, kann einer anderen, vor allem jüngeren Altersstufe, großen und oft nicht wiedergutzumachenden Schaden zufügen.

Wichtig ist in diesem Zusammenhang, sich zu vergegenwärtigen, daß die Kinderspiele früher (etwa um die Jahrhundertwende und auch noch später) noch von *Schulkindern* gespielt wurden, oft sogar unter der Obhut von Erwachsenen. Die jüngeren Kinder schauten dabei respektvoll und mit tiefem Gefesseltsein zu, was in hohem Maße wohltuend für sie war. Nur einzelne unter ihnen, die ihrem Alter voraus waren, durften vielleicht schon mitmachen. So war das früher. Daß nun, wo die Spielschulen entstanden sind, diese Spiele auch mit den Kleinen gespielt werden, ist also gar nicht so selbstverständlich. Sie sind absolut nicht ohne weiteres „des Kleinkindes".

Und deshalb wird man auf dem Gebiet des Rhythmus und auch in anderen vom Spiel verlangten Verrichtungen, wie z. B. beim Laufen in einer Reihe, beim bewußten Erwählen von etwas oder jemand, beim Selberausführen einer Gebärde oder eines Tuns, mit viel Takt vorgehen müssen, um die möglicherweise schädigenden Einflüsse auf diese noch so jungen Kinder zu vermeiden. Wir werden später noch darauf zurückkommen. Die bekanntesten Ausgaben gesammelter Kinderspiele sind daher auch mit dem Vermerk versehen, daß sie für das Alter von 6—13 Jahre gedacht sind.

Angesichts des übrigen Reichtums, den diese Spiele auch dem Kleinkind zu bieten haben, wird man sie selbstverständlich den Kleinen im Kindergarten nicht vorenthalten. Doch es wird davon abhängen, ob die Leiterin die verschiedenen kritischen Punkte und Pünktchen als solche so bewußt zu behandeln weiß, daß dies in Übereinstimmung mit den verschiedenen Altersstufen der Kinder geschieht, jedes von ihnen zu seinem Recht kommt und daß eventuelle weniger günstige Auswirkungen auf ein Minimum beschränkt bleiben. Das ist eine Kunst, deren Studium wir in diesem Buche unsere vollste Aufmerksamkeit schenken wollen.

Zuerst wird man sich fragen müssen, wie dieser so große Unterschied im Verhalten zum Rhythmus bei Kleinkind und Schulkind zu begreifen ist. Die Geisteswissenschaft weist uns einen Weg,[1]) indem sie beschreibt, wie das Geisteswesen des auf der Erde lebenden Menschen eine dreifache Behausung hat. Außer dem physischen Körper hat es auch eine „ätherische" Hülle, den „Ätherleib" oder „Lebensleib"[2]), der der Träger der Lebens-, Wachstums- und Formkräfte, wie auch des Rhythmus (sowohl des organischen, wie des im Tun lebenden) ist. Schließlich hat unser Geisteswesen als dritte Umkleidung eine „astrale" Hülle, den „Astral-" oder „Empfindungsleib", mitunter auch „Seelenleib" genannt, in dem Sternenkräfte wirken und aus dem alle Seelenfunktionen resultieren. Dasjenige, was wir die „Geburt" des Kindes nennen, ist in Wirklichkeit nur die Geburt seines physischen Körpers. Erst mit dem Zahnwechsel, also etwa um das siebente Jahr, wird der Lebens- oder Ätherleib „geboren", wenn das Kind die Schulreife erlangt. Der Astralleib übernimmt erst mit der Pubertät selbständig seine Aktion und löst u. a. die Geschlechtsreife aus. Die Geburt des vollen Selbstbewußtseins, d. h. des Bewußtseins eine Persönlichkeit, ein Eigenwesen zu sein, vollzieht sich erst um das einundzwanzigste Jahr, was dann bedeutet, daß die Persönlichkeit *selber*, das eigentliche *Ich*, das ewig ist und in Urzeiten von göttlichen Mächten geschaffen — gewissermaßen „ausgestrahlt" wurde — dann seine irdischen Hüllen in ausgeprägterer Weise bewohnt; was als die „Geburt" des Ich auf der Erde angesehen werden darf.

Daß die Geburt des Ätherleibes sich erst beim Zahnwechsel vollzieht, bedeutet nicht, daß dieser Wesensteil nicht auch schon vor dieser Zeit wirksam ist. Im Physischen ist das sehr wohl der Fall. Von der leiblichen Geburt bis zum Zahnwechsel vollzieht sich die Bildung aller Organe und das Wachstum ist in dieser Periode am stärksten. Doch es ist dies ein verborgenes, gewissermaßen noch „schlafendes" Wirken

---

[1]) Rud. Steiner: Die Erziehung des Kindes vom Gesichtspunkte der Geisteswissenschaft.
[2]) Das Wort „Äther" ist nicht zu verwechseln mit dem „Welten-" oder „Raumäther" der Physik.

der Ätherkräfte. Der Zahnwechsel zeigt an, daß die Organbildung vollzogen ist und daß der physische Körper, der sich stofflich ständig erneuert, dies zum erstenmal ganz vollbracht hat. Erst nach der Geburt des Äther- oder Lebensleibes tritt die ätherische Wirksamkeit selbständig nach *außen* in Erscheinung, u. a. in einem jetzt *aktiv* sich äußernden Verhältnis zum Rhythmus, wie auch in der auf die Außenwelt gerichteten Denkkraft, in dem gesunden Vermögen lernen zu können, und in anderen Aktivitäten und Möglichkeiten.

Man fördert also die gesunde Entwicklung des Kindes, wenn man die genannten Funktionen, zu denen auch die des aktiven Rhythmus zählt, nicht eher anspricht und aktiviert, bevor nicht der Zahnwechsel die dafür nötige Reife ankündigt. Gewiß wird — wir sagten es schon — es oft möglich sein, ein Kind bereits früher aus seinem „Traumleben" zu wecken und zu einem aktiven Rhythmus aufzurufen; ja, viele dieser Kleinen verlangen gewissermaßen selbst danach und werden dann freudig an dem aktiven Rhythmus der Großen teilnehmen, doch ist damit nicht gesagt, daß dies für sie richtig ist. Es gibt Ausnahmefälle. Wenn ein Kind schon sehr „wach" ist und ihm das seinem Alter entsprechende Verhalten nicht mehr genügt, wird es oft sehr schwer sein, ja es wird viel Takt und Geduld erfordern, sein Hinstreben zum aktiven Rhythmus zu verzögern. Man darf ja doch die Entwicklung des Kindes nicht forcieren, nicht einmal im positiven Sinne, und es wird in bestimmten Fällen immer noch am besten sein, die Frühreife des Kindes zu akzeptieren und sie sehr behutsam und möglichst gut in die ihm gemäße Bahn zu lenken. Doch wird man sich dann — so freudig das Kind das auch erleben mag (die verbotene Frucht schmeckte auch Adam und Eva gut!) — darüber klar sein müssen, daß damit eine Phase in der Lebensentwicklung des Kindes überschlagen wird. Einer tieferen Erkenntnis muß diese Tatsache Schmerz bereiten. Die Frühreife des Kindes ist ja letzten Endes ein Beweis für seine geistige Armut; und das Überspringen einer Lebensphase wird voraussichtlich auch auf die Entwicklungsmöglichkeiten im späteren Leben unwiderruflich seine Schatten werfen. Dieses seiner Entwicklung Vorauseilen des Kindes wird man daher auch nur akzeptieren und notgedrungen darauf eingehen, wenn es absolut unvermeidlich ist. Und man wird versuchen, es irgendwie aufzuhalten. Niemals aber sollte man von sich aus und ohne Notwendigkeit die Entwicklungsphasen des Kindes verfrühen wollen.

Sehr vorsichtig wird man vorgehen müssen, wenn man es mit einer Kinderschar zutun hat, die sich bereits völlig und bis herab zu den Kleinsten zum aktiven Rhythmus hinentwickelt hat; ganz gleich, auf welche Weise und durch wessen Zutun das geschah. Wenn nämlich alle Kleinen diese „verbotene Frucht" bereits freudig genießen, kann das natürlich nicht mehr ungeschehen gemacht oder plötzlich unterbunden werden. Man würde dadurch eine Leere schaffen, die bestimmt zu einem schlimmeren Übel werden könnte als das bereits entstandene. Zwar wird die Kindertante dann beispielsweise die neu in die Gruppe kommenden Kleinen vor dem bis zur Tat, bis zum Tun gesteigerten Rhythmus dadurch zu behüten wissen, daß sie sie möglichst nicht daran teilnehmen läßt und sie — noch „träumend" und wenn nicht anders, mit dem Daumen im Mund — an ihrer eigenen Hand ruhig in einem solchen Spiel mittappeln läßt, ohne auch nur irgend eine rhythmische Äußerung von ihnen zu verlangen. Vielleicht gelingt es ihr dann, die gesünderen Verhältnisse langsam wieder herzustellen.

Außerhalb der Spielschule droht dem kleinen Kinde heutzutage vor allem durch die Technik (Radio, Fernsehen, Verkehr), aber auch durch das Verhältnis der Menschen zur Technik und sogar auch durch die davon beeinflußten gegenseitigen menschlichen Verhaltensweisen, daß es meistens zu früh aus seiner Kleinkindphase geweckt wird. Man wird daher ständig versuchen müssen, die Kleinen vor dieser Gefahr zu behüten. Das ist kein „Das-Kind-in-Watte-wickeln" wie es ebensowenig ein „In-Watte-Wickeln" des Kindes ist, wenn man den Säugling mit Milch, und am besten mit Muttermilch, ernährt und nicht mit gequirlten Eiern oder feingeschabtem Fleisch oder Bouillon, weil „das ja doch so kräftigt und das Kind sich ja doch mal daran gewöhnen muß". Jeder begreift, daß man durch ein solches zu frühes Verabreichen einer für später richtigen Nahrung den Organismus des Säuglings total in Unordnung bringen würde. Aber nicht jeder begreift, wie abbauend man auf die geistige Konstitution des kleinen Kindes einwirkt, wenn man ihm eine Seelennahrung zumutet, die einer späteren Lebensphase vorbehalten ist. Nur mit Hilfe eines tieferen und weitreichenderen Bewußtseins hinsichtlich der Entwicklungsphasen des Kindes wird man imstande sein, dem heranwachsenden Kinde die seinem Alter gemäße geistige Nahrung zu geben, und zu verhindern, daß es immer wieder durch ein unverständliches Verfrühen der ihm später zu bietenden Substanz in seiner Entwicklung geschädigt wird. Die von Rudolf Steiner ausgearbeiteten pädagogischen Grundlagen geben ausführlich und exakt an, was jede Altersstufe des Kindes braucht und was ihr ferngehalten werden muß. Sie machen das alles aus einer geistgemäßen Beleuchtung des aufwachsenden Kindes begreifbar.

Für das Kleinkind spielt das zu frühe Ergreifen gewisser Dinge eine viel größere Rolle als das willkürlich verzögerte. Bei dem sich allerseits beschleunigenden Lebenstempo besteht nämlich die Neigung, auch die Entwicklung des Kleinkindes zu beschleunigen; kommen doch die es zu einem vorzeitigen Erwachen in der Äußerlichkeit des Lebens aufrufenden, oft schreienden Impulse von überallher aus seiner Umgebung an es heran. Das kleine Kind muß daher überall und allerseits — nicht fanatisch, aber mit Verständnis und Urteilsfähigkeit — behütet und bewahrt werden vor diesen forcierenden und es seines wahren Kleinkindseins beraubenden Weckrufen aus seiner Umwelt. Die Wecker umrasseln es von allen Seiten!

Vielleicht wird nun mancher Leser die Achseln zucken und sagen: „. . . es ist nun einmal ein Kind dieser Zeit!" Aber — ist das die richtige Antwort? Können und müssen wir dem nicht gegenüberstellen: „Wir sind die Erwachsenen dieser Zeit!" Und besagt das nicht, daß wir viel mehr als früher gerade für diese Dinge ein Bewußtsein entwickeln müssen? Gegenüber den äußerlichen Gefahren (z. B. im Verkehr) wächst dieses Bewußtsein tatsächlich; doch als moderne Menschen müssen wir erkennen, welche ernsten, mitunter tödlichen Gefahren ein Kleinkind dieser Zeit auch *innerlich* ausgesetzt ist; wie sein Schicksal es *unserer* Sorge anvertraut hat, und es von *uns* abhängt, wie es diese drohenden Gefahren überstehen wird!

Die Frage, *warum* die Beschleunigung der Kleinkind-Entwicklung so fatale Auswirkungen haben kann, wie auch das Problem, *was* als gute Seelennahrung dem Kleinkind gegeben werden kann, und wie das zu geschehen hat, werden wir — hier besonders auf dem Sektor der Kindersingspiele — im Laufe der weiteren Betrachtungen versuchen, vom Kleinkind selbst aus zu verstehen.

*

Zuerst also die Frage, welche Rolle das rhythmische Element im Kindergarten zu spielen hat. Aus den vorangegangenen Betrachtungen über den „passiven" und den „aktiven" Rhythmus kann entnommen werden, daß es nicht so sehr um die Frage geht, *ob* der Rhythmus als solcher in den Kindergarten gehört, als vielmehr darum, *wie* er gebracht und wie er für die verschiedenen Altersstufen verschieden behandelt werden muß.

Der Rhythmus nämlich, der in seiner zur Aktion anregenden Form eigentlich erst für die 9- bis 12jährigen Kinder an Bedeutung gewinnen sollte, hat gerade durch die ihm vorausgehenden mehr passiven oder teilweise passiven Übergangsformen, im Kindergarten eine desto subtilere und auch eine mehr differenzierte Aufgabe zu erfüllen als irgendwo sonst, und er darf daher in einer bestimmten (passiven) Form sogar dem jüngsten der Kinder nicht vorenthalten werden. Der Kosmos und die früheste elterliche Umhegung geben die Grundlage und können uns als Beispiel dienen für die rhythmisch-gesunde Weiterentwicklung des kleinen Kindes: Die Welt lebt im rhythmischen Wechsel von Tag und Nacht, die Jahreszeiten wechseln in rhythmischer Folge einander ab, und in allem, was das Kind daheim umgibt, ist es mit dem menschlichen Rhythmus vertraut gemacht worden. Der Vater geht morgens zu seiner Arbeitsstätte und kommt am Abend nachhause, und froh, wieder daheim zu sein, wird er vielleicht das Jüngste auf seinen Knien reiten lassen und es in den verschiedenen Rhythmen des „So reiten die Herren. . ." auf und ab bewegen. Eine ältere Schwester läßt es mit seinen Händchen „Backe, backe Kuchen. . ." machen; aber noch früher und darum noch tiefgreifender ist das Kind schon als Säugling umgeben von der rhythmisch sich vollziehenden Versorgung durch die Mutter. Von der Mutter geht der gesunde Rhythmus aus von Wachen und Schlafen, von Nahrung und Säuberung und von allem, was sonst noch für die tägliche Versorgung des Kleinkindes getan werden muß. Kinder, in deren frühester Jugend diese gesunden Ur-Rhythmen des Lebens vernachlässigt wurden — was gegenwärtig infolge der modernen Verhältnisse nur allzu oft geschieht — werden in ihrer Entwicklung, ganz besonders aber in der Entwicklung ihres Willenslebens ernsthaft gehemmt und geschädigt. Beides wird sich später sowohl auf ihren physischen, wie auf ihren geistigen Gesundheitszustand ungünstig auswirken.

Die kosmischen Rhythmen und die Lebensrhythmen sind vor allem darum so wichtig für den Säugling, weil gerade er es ist, der am allerwenigsten zu einer aktiv-rhythmischen Äußerung imstande ist und — wird er dazu veranlaßt — im höchsten Grade dadurch Schaden erleidet.

Aus alledem ist nun deutlich geworden, daß das große Rhythmus-Erleben bei Säugling und Kleinkind nicht ohne weiteres als ein „passives" bezeichnet werden kann. In Wirklichkeit ist es ein sehr lebendiges, wenn auch noch träumendes Mitschwingen in den tragenden Rhythmen von Kosmos und menschlicher Umwelt, das wir daher von jetzt ab statt „passiver Rhythmus" besser „Traum-Rhythmus" nennen wollen. Das nach dem Zahnwechsel zu Aktion und Tat kommende Rhythmuserleben wollen wir dementsprechend im Folgenden als „Tat-Rhythmus" bezeichnen. Erst der erwachsene Mensch kann zusätzlich auch noch ein wirkliches Bewußtsein für seine Rhythmus-Erlebnisse und seine Rhythmus-Äußerungen entwickeln.

17

Nun ist es aber nicht etwa so, daß eine bei einem bestimmten Altersübergang auftretende neue Form des Rhythmus-Erlebens die alte Form unwirksam werden läßt. Diese neue Form entsteht, oder besser: entwickelt sich neben der alten und gewinnt langsam mehr und mehr an Bedeutung, während die alte Form verborgen weiterbestehen bleibt. Der „Traum-Rhythmus" des kleinen Kindes wirkt während des ganzen Lebens weiter fort. Daneben macht sich dann von der Schulzeit ab der auf ihn folgende „Tat-Rhythmus" geltend, und erst vom Moment des Voll-Erwachsenseins an, kann der *bewußte* Rhythmus sich entfalten und weiterentwickeln. So sehen wir, daß beim Erwachsenen alle drei Formen des Rhythmus-Erlebens vorhanden sind oder sein können: daß beim Schulkind, verborgen unter dem jetzt so stark auftretenden Tat-Rhythmus der schwächere, aber weiterreichende Traum-Rhythmus bestehen bleibt, während beim kleinen Kinde, vor allem aber beim Wiegenkind einzig und allein der Traum-Rhythmus eine Rolle spielen kann und darf.

Die Lebenspraxis unserer modernen Zeit macht es für die Eltern und ganz besonders auch für die Kindergärtnerin zu einer sehr wesentlichen Frage des Taktes, *wie* die Kinder verschiedener Altersstufen auf dem Gebiet des Rhythmus zu ihrem Recht kommen können, ohne das andere Altersstufen geschädigt werden oder zu kurz kommen. Wie die Symptome der Pubertät sich schon in der Vorpubertät ankündigen, so wirft auch die Schulreife ihre Schatten oder ihr Licht voraus auf die letzten Kleinkindjahre, was besagen will, daß die Kindergärtnerin beim Vorschulkind bereits auch schon mit dem Element des *Tat-Rhythmus* zu rechnen hat. Er muß im Kindergarten, wenn auch in viel gemäßigterer Weise als während der Schulzeit, doch schon eine Rolle spielen und mitunter sogar schon eine ziemlich wichtige. Es geht hier also darum, wie man dem rhythmischen Element in seinen verschiedenen träumenden und bis zur Tat führenden Variationen und Formen bezüglich aller im Kindergarten vorkommenden Altersstufen in seinen verschiedenen Funktionen gerecht werden kann.

Die schwierigste Frage hierbei ist aber: wie kann man beim Eingehen auf den bei den größeren Vorschulkindern schon ziemlich resolut auftretenden Rhythmus, die noch notwendige Traumphase der Kleinsten schützen und sie vor einem zu frühen Erwachen und Nachahmen der Aktivität der größeren Kinder behüten?

Die Antwort und die Lösung dieser Frage wird jede Kindergärtnerin im praktischen und täglichen Umgang mit den Kindern selber finden müssen, und jede wird sie auf ihre eigene Manier versuchen. Doch kann ganz allgemein gesagt werden: So, wie Tag und Nacht aus dem

Kosmos, und wie die Sorge der Mutter, das „Backe, backe Kuchen —"
der Schwester das kleine Kind aufbauend umhüllen, so können auch
die Drei- und Vierjährigen in der Spielschule einen günstig formenden
Einfluß vom rhythmischen Spiel der Größeren erfahren, solange dafür gesorgt wird, daß dieses Aufnehmen und Mitleben *träumend*
geschehen kann.

Reift das Kleinkind dann allmählich zu einer eigenen rhythmischen
Aktivität heran, zu einem eigenen „Tat-Rhythmus", so wird man
auch diesen, soweit das dem Ganzen der Gruppe dienlich ist, nur
langsam von einförmigen, noch mehr oder weniger wiegenden, zu
etwas kraftvolleren irdischeren Formen übergehen lassen, und man
wird auch hierbei darauf bedacht sein müssen, daß eine Forcierung
dieses Prozesses durch zu starkes Nachahmen oder durch zu unge-
hemmtes Mitmachen-Wollen mit den Größeren soviel wie möglich
vermieden wird.

Natürlich hängt die Art des Rhythmus eines Spieles weitgehendst
ab von der Art, wie die Kindergärtnerin ihn handhabt. Sie kann ein
Spiel mehr kosmisch oder mehr irdisch betont spielen lassen, und sie
kann es sogar bewußt von den Umständen, z. B. den Alterstufen und
der Wesensart der Kinder abhängig machen, wie es gespielt werden
muß. Trotzdem eignet sich das eine Spiel mehr für dieses, das andere
für jenes Element und so ist es doch sehr wichtig, daß sie das Bewußtsein für den Rhythmus selbst in all seinen verschiedenen Formen und
Arten richtig entwickelt, damit sie dieses Element in zu verantworten-
der Weise den verschiedenen Altersstufen der Kleinen nahezubringen
und es zu behandeln weiß.

*

Ein Punkt von besonderer Bedeutung ist auch die Tonfolge. Fast
alle alten Volksspiele stehen in der uns bekannten „gewöhnlichen"
diatonischen Folge — die meisten in Dur, einige auch in Moll. Das
Kleinkind und eigentlich auch noch das Schulkind (bis etwa zum neun-
ten Jahr) sollte aber dem diatonischen Element mit seinem Dur und
Moll noch möglichst fern bleiben. Nun sind aber die Melodien der
alten Spiele meist noch so traumhaft-zart — oder können so sehr in
diesem Sinne gespielt werden, daß sie Dur und Moll noch wenig
betonen. Trotz ihrer diatonischen Folge lassen sie das kleine Kind seinen Kindertraum weiterträumen. Doch gibt es eine Tonfolge, die ihrem
Wesen nach noch ganz im Kosmischen verweilt: die pentatone oder
pentatonische, d. i. fünftönige Tonfolge: g — a — b — d — e, die

in alten Zeiten, in früheren Zuständen der Menschheit, noch eine große Aufgabe erfüllte, und die jetzt, ihres noch so träumenden, schwebenden Charakters wegen, in der sehr frühen Jugend des einzelnen Menschen von größter Bedeutung sein kann.

Dieser pentatonischen Tonfolge sollte eigentlich eine besondere Betrachtung gewidmet werden, doch müssen wir uns in diesem Zusammenhang mit dem Hinweis begnügen, daß diese Tonfolge nicht nur die für die Kleinsten am günstigsten Melodien, sondern von Natur aus auch die für sie schönsten und am geeignetsten Traumrhythmen, sogar mitunter auch schon Tat-Rhythmen möglich macht.

Alle diese Betrachtungen über dieses noch so kosmische Geartetsein des kleinen Kindes, über das Nochverweilen in seinem „Kindheitstraum", könnten nun, ohne nähere Erklärung, doch noch zu einem großen Mißverständnis führen. Es könnte vielleicht trotz der schon wiederholt vorgebrachten Hinweise der Eindruck entstehen, daß man sich das kleine Kind als ein schläfrig-träumendes Wesen vorzustellen habe, das in der üblichen Bedeutung des Wortes noch nicht völlig wach oder „da" ist, und daß mit dem „Träumendbleiben" auf dem Gebiet des Rhythmus eine noch völlige Verträumtheit gemeint sein könnte.

Beides ist ganz gewiß nicht der Fall. Man weiß doch, wie spontan und lebendig, sei es fröhlich oder traurig, gerade ein kleines Kind seine es unvermutet überkommenen Stimmungen zu äußern vermag; wie es voller Freude hüpft und springt, aus Ärger weint oder vor Verlangen schreit. Und doch geschieht das alles, wie schon angedeutet, noch unrhythmisch. Man denke an das kleine Mädchen auf der Straße in Rotterdam.

Sobald ein aktiver Rhythmus, ein Tat-Rhythmus von einem kleinen Kinde verlangt wird, zieht es sich, falls es nicht extra zu diesem Tun „geweckt" wurde, in sich zurück und weigert sich, daran teilzunehmen.

Diese für das kleine Kind typische „Verhaltungsschablone" wollen wir nun einmal näher betrachten und zu begreifen versuchen. Das Abweisen oder noch nicht Teilnehmenkönnen am Tat-Rhythmus wird verständlich aus dem, was weiter oben vom Äther- oder Lebensleib gesagt wurde. Da der Tat-Rhythmus eine Äußerung des Lebensleibes ist, dieser aber erst beim Zahnwechsel frei wird, ist es verständlich, daß ein sich gesund entwickelndes Kind nicht *vor* dem Zahnwechsel den zur Tat führenden Rhythmus zur *vollen* freien Entfaltung kommen lassen kann.

Das im kleinen Kinde noch nicht Freisein — d. h. noch nicht „Geboren-sein" des Lebensleibes, hängt in gewisser Weise wieder zusammen mit dem „Kleinkind-Traum", von dem inzwischen schon gesagt wurde, daß er keine gewöhnliche „Verträumtheit" und auch kein „Dösen" bedeutet. Er hängt so sehr mit dem tiefsten Wesen des Kleinkindes zusammen, daß man ruhig sagen darf, daß ein wahres Begreifen des Kleinkindalters nur möglich ist, wenn man das Wesen und den Ursprung dieses „Traumes" zu finden weiß.

Darum werden wir in den folgenden Betrachtungen versuchen, so weit als irgend möglich zu der dem täglichen Leben verborgen bleibenden Herkunft des „Kindheitstraumes" vorzudringen.

III. Der „Kindertraum"

Wo ist der Ursprung des Kindertraumes zu suchen?
Das kleine Kind als Wesen zweier Welten
Der „Janusblick" des Kleinkindes

Um zu diesen Fragen ein reales Verhältnis zu finden, möchte ich wieder einen kleinen, auch auf einer Straße beobachteten Vorfall, jetzt aber ganz anderer Art, erzählen.

Auf dem Gehsteig einer noch ruhigen Straße sah ich einen kleinen, etwa dreijährigen Jungen am Rande einer großen Regenpfütze direkt auf dem Boden sitzen. Der Kleine, vollständig dem Wasser hingegeben, rührte ganz still mit seinem Händchen in der Pfütze herum. Es war deutlich zu sehen, daß es in diesem Augenblick für ihn nichts anderes auf der Welt gab als das Wasser in der Pfütze. — Dieses völlige Aufgehen in den uns so ganz „alltäglichen" Dingen der Umwelt ist typisch für das kleine Kind, vor allem aber für die ganz Kleinen, und es ist äußerst wichtig, daß wir ihnen Zeit und Ruhe lassen, diese für sie so wichtigen Erfahrungen bis in alle Tiefen ihrer Seele aufzunehmen. Das führt das Kind in einer ganz bestimmten Weise — völlig anders als man äußerlich erwarten würde — zur Erdenwelt hin. Keine aus dem uns gewohnten Leben stammende Denkungs- oder Vorstellungsweise kann uns etwas von dieser Tiefe oder diesem Weg des Kindes hin zu seiner irdischen Umwelt begreiflich machen. Nur ein einziger Gedanke ist es, der uns hier einen Weg weisen kann. Es ist der Gedanke an die Welt, aus der die Seele des Kindes stammt und in der sie noch vor kurzer Zeit, nämlich vor der Geburt, weilte. Vom organischen Plan her kann auf Fragen dieser Art niemals etwas angedeutet oder „bewiesen" werden, da ihr Beweggrund außerhalb dieses Planes liegt. Und doch müssen solche Fragen heute ausgesprochen werden können. Vielen Menschen liegt auch der Gedanke nicht mehr gar so fern, daß man sich die Seele des Menschen nicht aus einem Nichts oder aus der Materie entstanden, sondern aus dem Geiste geboren denken muß.[1]) Das hat zur Folge, daß jene, die es

---

[1]) Rudolf Steiner: „Die Geheimwissenschaft im Umriß."

für sinnlos halten, daß die sich entwickelnde, aber noch so unvollkommene Seele nach dem Tode von jeder weiteren Entwicklung abgeschniten sein soll, die also ihr Weiterbestehen nach dem Sterben des Körpers als eine innere Gewißheit spüren, sich nun auch fragen werden, ob die Menschenseele mit allen ihren Eigenschaften und Aufgaben nicht auch schon eine bereits vor der Geburt stattgefundene Entwicklung durchgemacht haben könnte.

Dieser Gedanke an ein vorgeburtliches Leben der Seele, der vielen der sonst unerklärlichen oder wenig besagenden Dingen einen tieferen Sinn gibt, kann uns auch dem Wesen des „Kindertraumes" näherbringen. Man wird es als ein begreifliches Etwas empfinden und wird — innerlich tastend und mit der notwendigen Unbefangenheit betrachtend — am Tun und Lassen, auch mitunter am Gesichtsausdruck, am Blick des Kleinkindes erkennen lernen, daß seine Seele, die *vor* ihrem irdischen Dasein in einer „Vorgeburtlichen" Welt lebte, von dieser Welt noch in hohem Maße durchdrungen ist. Besonders wenn ein noch sehr kleines Kind voller Hingabe und in stiller Vertiefung etwas beobachtet, können seine Augen den Eindruck vermitteln, daß es nicht nur das vor ihm sinnlich Vorhandene wahrnimmt, sondern daß es sich in die ihm noch nachdämmernde Geistesvergangenheit zurückträumt, die sich ihm als „Hintergrund" des jetzt Betrachteten auftut. Man kann hier im Kleinkind ein inneres „In-zwei-Welten-Leben" wahrnehmen. Als Beispiel denken wir auch hier wieder an das kleine Mädchen auf der Straße in Rotterdam. Dieses Mädchen muß während seines vorgeburtlichen Seins — etwas, von dem wir uns vielleicht nicht immer Rechenschaft geben — gleich jeder anderen Seele in der geistigen Welt zusammen mit Engelwesen gelebt haben und so, webend, klingend, wir möchten fast sagen „geistig eurhythmisierend" zusammenlebend mit den Engeln: die Engelreigen wahrgenommen und sicherlich in ihnen mitgelebt haben. Und wenn es in einem holländischen Wiegenlied heißt: „Im Himmel ist ein Tanz. . . da tanzen alle Mägdelein. . .", so heißt das doch auch: da tanzen alle Engel und alle reinen Seelen.

Dieses große Erlebnis verborgen, aber darum nicht weniger lebendig noch in seiner Seele tragend, sieht das kleine Mädchen dort auf der Straße nun die irdischen „Mägdelein" „tanzen". . . Ist es da zu verwundern, daß das Kind einen Schrei ausstieß, als es dieses sich vor seinen Augen auf der Erde abspielende „himmlische" Schauspiel verlassen mußte?

Solche Erlebnisse wie dieses sind ausschlaggebend für das ganze weitere Leben eines Kindes: es erlebt die Begegnung von Himmel und Erde. Es erlebt das Zusammenkommen, oder besser: das Eins-werden des vorgeburtlichen Geistesinhaltes mit der irdischen Um-gebung, die es jetzt als sinnliche „Verkörperung" seiner Geisteswelt wahrnimmt.

Nun wollen wir dem kleinen Jungen bei der Regenpfütze noch ein-mal zuschauen. Schon mehrmals sprachen wir vom „Lebensleib", in dem alle unsere Wachs- und Lebensprozesse stattfinden.

Diesen Lebens- oder Ätherleib, der uns auch stets wieder mit er-frischender, neuer Gesundheit beschenkt, erwirbt sich die Seele vor der Geburt dadurch, daß sie aus dem kosmischen „Meer von Welten-Lebenskräften", in dem sie sich dann befindet, die ihr von allen Seiten zuflutenden Wachstumskräfte und Lebensströme empfängt. Auch jetzt, im Erdendasein, wird das kleine Kind noch in sehr lebendiger Weise von diesen Ätherkräften umströmt und durchströmt. Es fühlt sich noch immer dicht am „Ufer des himmlischen Ätherkräftemeeres". Und nun sieht es da das Regenwasser auf der Erde in der Pfütze stehen. . . Wie sollte das nicht das Erlebnis des „himmlischen Meeres" in ihm wachrufen? Jetzt, sitzend auf dieser großen festen Erde, am Rande des kosmischen Regenwassers, fühlt es sich träumend zurückversetzt an das Ufer des stillen „Himmelswassers". Auch hier wiederum ge-schieht so eine Begegnung von Himmel und Erde, die für das Kind, wenn auch auf träumende Weise — und eigentlich dadurch umso mehr — so unfaßbar groß ist, daß seine Seele lange darin verweilen will, und es sich nicht von diesem Anblick trennen kann. Der Kleine konnte sich nicht sattsehen an diesem Urdrama der Welt, an dem Körper-Werden des Geistes, das *da in greifbarer Wirklichkeit* sich vor ihm vollzog.[1])

Hier ebenso wie bei dem Mädchen auf der Straße sehen wir das große „träumende Wiedererkennen" des Geistes in der Erdenwelt, dem die echte, noch unverdorbene, noch unberührte Seele des kleinen Kin-des beinahe unaufhörlich ausgesetzt ist, und das ihm die gesamte irdische Umwelt zu einem „offenbaren Geheimnis", wie Goethe es nennt, werden läßt.

Das Wasser tritt nicht nur als *Bild* der „strömenden kosmischen Ätherkräfte" auf, es ist auf der Erde auch deren vornehmster Träger in allen Lebensprozessen, sowohl in der Natur, wie auch in unserem eigenen Leibe. Es ist der „Lebenssaft" der Erde und auch unser eige-ner. Auch in unserem Blut werden ja die Blutkörperchen und andere Bestandteile vom Wasser als Basisflüssigkeit getragen.

---

[1]) Siehe: „Kinderwelt — Märchenwelt" Kapitel „Kinderwelt". Wie erlebt das Kleinkind seine Umgebung? J. Ch. Mellinger Verlag, Stuttgart 1965

Zu all dem verhält sich das Wasser noch auf eine ganz besondere Weise. Es steigt jedesmal von neuem zu immer kosmischeren Formen auf, um, zurückfallend, der Erde neue himmlische Kräfte zu schenken. Dasselbe vollbringt auch — geisteswissenschaftlich gesehen — die Menschenseele, wenn sie immer wieder aufsteigt zur Geisteswelt und wieder zurückkehrt zu einem neuen Erdenleben. Goethe wußte es: „Menschenseele, wie gleichst du dem Wasser . . .". Und so können wir auch das Wesen des kleinen Kindes verstehen als einen großen Regentropfen, der, sich eben aus seiner kosmisch-sphärischen Form zur irdischen Verkörperung verdichtet habend, in sich die himmlischen Gaben trägt, mit der er die Erdenwelt „laben" kann.

Das träumende Wiedererkennen dieses wunderbaren „Lebenssaftes der Erde" mit all seinen verborgenen Geheimnissen und dem sich im Innersten damit Verwandt-Fühlen ist es, was jedes kleine Kind so gerne mit Wasser spielen läßt, was für den Erwachsenen dann meist nur ein „Panschen" ist. Für das Kleinkind ist es ein Sich-Zurückträumen zum vorgeburtlichen „Himmelsmeer", wobei ihm aus diesem hehren Gebiet zugleich neue Kräfte in die Seele fließen, die es dann auf der Erde das Leben hindurch mit sich führen kann. Daher ist das „Panschen" mit dem Wasser — nicht nur für den Augenblick, sondern für seine ganze weitere Entwicklung — von so großer Bedeutung. Der Kleine, der mit seinem Händchen in der Regenpfütze herumrührte, sah und fühlte da, in träumendem Wiedererkennen versunken, einen Teil seines vorgeburtlichen Himmelslebens greifbar vor sich und konnte hier etwas von dem großen „Himmelsmeer" in dem kleinen „Erdenmeer" gewissermaßen „unterbringen" und das in diese Form gegossene Himmelsgut in sich selbst nun auf der Erde weiterbestehen lassen als ein für sein Leben jetzt unverlierbares Geistesgut, wenn es auch später *äußerlich* vergessen werden wird.

Und eben das ist es, worum es im Kleinkindalter geht: dieses Insichtragen und auf der Erde „Unterbringen" von Himmelsgütern, die dann durchs Leben mitgeführt werden können. Und um dies zu ermöglichen und es nicht zu stören, müssen wir einsehen lernen, wie das gesunde, noch nicht von den Gegenwartsverhältnissen zu früh „geweckte" Kind dort, wo wir Erwachsenen nur „gewohnte" oder „beinahe alltägliche" Dinge wahrnehmen, ganz in seinen, zwei Welten umfassende Erfahrungen aufgehen kann, ohne daß jemand etwas von der Größe dieser Erlebnisse gewahr wird.

Dieses einerseits sinnliche Verbundensein mit der irdischen Umgebung, andererseits träumende Verweilen in der vorgeburtlichen Geisteswelt, läßt die Seele des Kleinkindes, gewissermaßen zu einer

Einheit werdend, ein, seinem Ursprung nach aber doch ganz und gar zweifaches Dasein führen, weshalb wir in früheren Schriften die Kleinkindphase des Kindes in einem geistigen Sinne auch die „Amphibienphase" des Lebens nennen konnten. Die besondere Verbindung nun, die das Kleinkind zum Wasser spürt, läßt den „Amphibiencharakter" dieser Lebensphase noch deutlicher werden.

Wir müssen jedoch gut begreifen, daß es gerade die Phase des Kleinkindalters und nicht etwa des Säuglingsalters ist, die den geistigen Amphibiencharakter zeigt. Der Säugling lebt noch zu sehr in dem Element, aus dem seine Seele stammt: dem Geistsein, und er vermag es noch nicht mit seiner irdischen Umgebung in Verbindung zu bringen. Bleiben wir beim Bild der „Amphibie" und denken dabei z. B. an einen Frosch, dann können wir den Säugling fast noch auf eine Linie mit der Kaulquappe stellen. Die Kaulquappe ist ein Wesen, das noch ganz in seinem Ur-Element, dem Wasser lebt, dem sie entsprossen ist. Die Seele des Säuglings lebt fast noch ganz im Geisteswasser, dem sie entstammt. Erst wenn das Kind seine „Nein-Phase" begonnen hat, wenn es, m. a. W. zum ersten Ungehorsam kommt (wir könnten sagen: wenn sein „Sündenfall" oder „Absonderungsfall" der elterlichen Autorität gegenüber beginnt) und das Kind dann bald „Ich" sagen wird, kann es bei diesem ersten Anzeichen seiner Selbständigkeit „auf das Trockene" gelangen, d. h. kann es sich der *Erdenwelt* zuwenden und mit dem erworbenen ersten Selbstbewußtsein den Übergang von der einen zur anderen Welt erleben. Nun erst ist das Kind zur wahren „Amphibie" geworden, die wie der Frosch auf dem Trockenen (für das Kind die Sinneswelt) leben, aber auch jeden Augenblick wieder in das (Geist-)Wasser eintauchen kann und ... immer eine von diesem Geistwasser „benetzte Haut" behalten muß, um (geistig) gesund zu bleiben, was wir beim Frosch wiederum auf dem physischen Plan demonstriert sehen.

Diese Lebensweise kennt eben nur das Kleinkind. Der Säugling (die Kaulquappe) tut es noch nicht; das Schulkind, besonders das etwas ältere, tut es nicht mehr. Daher zeigt sich dieser Amphibiencharakter auch viel deutlicher bei jenen Kleinkindern, die kosmisch veranlagt sind. Die anderen haben ihn auch, wenn auch in viel geringerem Maße. Diese kosmisch stärker veranlagten Kleinkinder verweilen bis in ihr „gewohntes" tägliches Leben hinein beinahe ständig auch noch in der Welt ihrer geistigen Herkunft. Sie erleben beinahe alle irdisch-sinnlichen Erfahrungen zugleich auch von diesem Geistesursprung aus. Ihnen ist so ziemlich jede sinnliche Wahrnehmung auch ein Bild für eine geistige Wahrheit oder ein solches Geschehen, das sie noch in ihrer Seele tragen. Die griechische Mythologie erzählt von einem König Janus, der zwei Gesichter hatte. Er konnte gleichzeitig mit dem einen nach vorn (also voraus in die Erdenzukunft) und mit dem anderen nach hinten (zurück in die himmlische Vergangenheit, auch die der ganzen Menschheit) schauen. Das ist es, was auch das Kleinkind, ganz besonders aber das kosmisch geartete Kleinkind fortwährend tut. Es sieht die Sinneswelt, die für es die Zukunft ist, *vor* sich und zugleich den geistigen „Hintergrund" all des Wahrgenommenen (seine geistige Vergangenheit) *hinter* sich. Man kann sagen: es ist das Menschenkind, das den zweifachen Blick (zur irdischen Zukunft und zum geistig Vergangenen hin) noch in sich trägt, — den die Mythologie im Bilde des König Janus widergibt. Dieses kleine Menschenkind mit dem „Janusblick" lebt daher fast ununterbrochen in dem Mysterium der Begegnung zweier Welten: der Geisteswelt und der Sinneswelt, der Begegnung von Himmel und Erde. Der unbefangene Beobachter wird immer deutlicher und immer besser diesen zweifachen Blick, diesen Janusblick des Kleinkindes, der nach innen und nach außen gerichtet ist, auffangen können, und er wird ihm vielleicht selber zu einem großen Erlebnis werden.

Am eindrucksvollsten erleben wir den Janusblick aber in der Bibel-Szene, wo Adam das Paradies verlassen und in die Welt hinausziehen mußte, m. a. W. bei der frühesten Menschheit, die aus ihrer kosmischen Lebensform mehr und mehr zum Erdendasein absinken mußte. Dieses Urdrama der Menschheit ist stets von neuem auch das Urdrama im Leben eines jeden Menschenkindes persönlich, da ja doch jede Menschenseele von neuem in ihrer frühesten Jugend den Übergang vom Geistsein zum Erdensein durchmachen muß, mag sie später auch noch so wenig davon wissen.

Und so ist dieses „Adam-Drama", dieses Übergangserlebnis vom geistigen zum irdischen Dasein, das wir alle einmal durchgemacht haben, zugleich der wahre Inhalt eines jeden „Kindertraumes" und wir sollten versuchen, uns immer intensiver in ihn zu versetzen, wenn wir an das wahre Wesen des Kleinkindes näher herankommen und die wahre, große Bedeutung der Kleinkindphase für das ganze weitere Leben tiefer sehen und begreifen wollen.[1])

Es ist die, ihm selbst unbewußte, Aufgabe des Kleinkindes, den aus der vorgeburtlichen Welt mitgebrachten Geistesinhalt mit sinnlich-irdischen Erfahrungen zu identifizieren, diesen Inhalt gewissermaßen in eine „passende Bildform", in eine „irdische Verkörperung" zu „gießen" und ihn in dieser Form durch das Leben hindurch mit sich

---

[1]) Siehe hierzu die Beschreibung des Spieles: „Muß wandern, muß wandern..."

zu tragen, bis einmal in der Reife des Lebens aus der Umhüllung der Bilder der darin aufgenommene geistige Inhalt von neuem nach draußen treten kann, jetzt unter dem neuen Licht des Bewußtseins, so wie einmal aus dem Samenkorn unter dem Licht der Frühjahrssonne der Keim entsprießen wird.

So sind die Kräfte, die den Wert unseres Lebens bestimmen, in erster Linie nicht jene, die oft stark in unserem Tagesbewußtsein auftreten, sondern vielmehr die, welche in Bildform verhüllt, verborgen in der Seele leben und, weil sie aus der Geisteswelt stammen, mitunter erst durch eine Geistesschulung ins Bewußtsein gerufen werden können.

Ob die Seele reich ist an diesen verborgenen Kräften, oder ob sie in innerer Armut durch das Leben gehen muß, hängt zu einem sehr großen Teil davon ab, ob ihr in der Kleinkindphase die Möglichkeit und die Ruhe gegönnt werden, ihren mitgebrachten Geistesreichtum in den irdischen Bildern, die ihr entgegen kommen, ausgedrückt zu finden, sie damit zu „assimilieren" und sie in dieser Gestalt ins Leben mitzunehmen, oder ob die Seele in ihrer frühen Jugend statt von wahren Bildern, von Trugbildern und Trugklängen, wie sie dem Kinde heute durch Fernsehen, Radio, falsches Spielzeug und gehaltloses Surrogat für Märchen, Sagen, etc. entgegengebracht werden, umgeben ist und noch dazu zu früh und zu schnell von ihrem „himmlischen Erbe" abgetrennt wird.

Anders ausgedrückt: die Zukunft des kleinen Menschenwesens wird in hohem Maße von den Erwachsenen bestimmt, die es umgeben, und durch die Umwelt, die sie ihm bieten. Ganz besonders sind es die begabtesten Kleinkinder, bei denen es von diesen Menschen und dieser Umwelt abhängt, ob sie während eines ruhigen langen „Kindertraumes", den sie mehr noch als die weniger begabten nötig haben, das mitgebrachte Geistgut zur irdischen Verkörperung bringen können, oder ob sie, schon in der Jugend ihre kosmische Habe verlierend, als alltägliche Menschen oder als Sonderlinge, die nicht wissen, was sie eigentlich wollen, durchs Leben gehen werden.

Die Schicksalsführung von höherer Hand tut viel und will uns stets helfen und leiten, aber der Mensch hat sich nicht umsonst seine geistige Freiheit erworben und muß, um als Erwachsener den rechten Weg finden zu können, daher in Freiheit die ihm gebotene Hilfe wollen und sie erkennend ergreifen. Es hängt daher sehr viel von der Frage ab, in wieweit die Erwachsenen in der Umgebung des kleinen Kindes bereit und willens sind, die Bedeutung der Kleinkindphase, die sie für das Leben hat, begreifen zu lernen. Und das ist wirklich nur möglich, wenn man Zugang findet zu diesem Leben in zwei Welten, zu dieser „Ambivalenz" des Kleinkindes. Nur dadurch, daß das kleine Kind noch im Geiste lebt, kann es ihn wiederfinden, besser gesagt: kann es ihn wiedererkennen im Wasser, im Wind, in den irdischen Elementen, in den Farben, den Formen, in Pflanzen und Tieren, kurz, in allem, was es umgibt. Aber auch im König oder im Wolf der Märchen, im „Plumpsack", der im Spiel „herumgeht". Durch den in ihm noch so lebendigen Geist kann seine Umwelt, können Märchen und Spiele, alles was es wahrnimmt noch zu ihm sprechen, kann ihm jedes Ding etwas von seinem eigenen, uns verborgenen Wesen offenbaren. Und nur wenn wir zu diesem zweifachen Leben des Kleinkindes, zu diesem Leben im *Übergang* von der Geist- zur Erdenwelt vordringen können, wird auch das Leben des kleinen Kindes in Märchen und Spielen, das vom Geiste her Aufgehen in seiner Umgebung, Wirklichkeit für uns Erwachsene werden können. Nur dann werden wir das, was mit dem Kleinkind zusammen zur Erde herunterkommen will, behüten und ihm helfen können bei seinem Herabstieg und auf seinen uns verborgen bleibenden Wegen durch das ganze Leben hindurch. Natürlich gilt alles das genauso für die häusliche Umgebung des Kleinkindes wie für den Kindergarten. Im häuslichen Kreis werden kaum noch Kinderspiele gespielt, kaum noch Märchen erzählt; daheim wird nur selten noch gemalt, modelliert, gebastelt, wird beinahe nichts getan von dem, was im Kindergarten geschieht. Darum muß es in der heutigen Zeit die Kindergärten geben. Aber auch daheim muß das kleine Kind in seinem zweifachen Leben verstanden und behütet werden, auch daheim muß es den Übergang von seinem hohen Herkunftsland zum Gebiet des Erdenlebens in ruhiger, voller Hingabe vollziehen können. Nur wenn auch das häusliche Leben, in dem das Kind aufwächst, ihm in diesem Sinne eine echte Hilfe und Behütung bietet, wird der Kindergarten, ebenfalls in der richtigen Art geleitet, ihm erst voll und ganz das sein können, was er sein sollte: die goldene Brücke zwischen Himmel und Erde.

IV. Das Kind beim Erleben des Spieles

Bewegte und bewegende Hingabe des kleinen Kindes
Bildersprache in Wort und Tat in den Spielen
Was kann das Element des Kreises für das Kleinkind sein?
Etwas über andere Spielformen und die Frage,
was diese dem Kinde bieten können

Das in stiller Hingabe Aufnehmen alles dessen, was sich dem Kinde in seiner Umwelt bietet, wie man es bei einem, einem Märchen lauschenden Kinde beobachten kann, wird man bei spielenden Kindern naturgemäß nicht finden, da das Bewegungselement das nicht zuläßt. Nichtsdestoweniger kann ein Kind an ein Spiel, sei es das „Reiten" auf dem Steckenpferd, das „Versorgen" einer Puppe, oder an ein Kreisspiel genau so vollkommen hingegeben sein, wie an ein Märchen oder ein Bilderbuch; nur ist es dann eine bewegliche, eine in der Bewegung sich vollziehende Hingabe, die andersgeartete, doch ebenso große übersinnliche Erlebnisse bieten kann wie die stille Vertiefung in ein Märchen.

Das innige Hingegebensein an Etwas ist uns Erwachsenen so gleichbedeutend mit Stillsein, daß jemand, der nicht still ist, unserer Ansicht nach kaum ein tieferes Erlebnis haben kann. Beim kleinen Kind aber ist das anders. Tanzend-spielend lebt es sein inneres Leben, und ein Kleinkind kann, wenn es sich an einem Spiel beteiligt, dank seiner lebendigen, „beweglichen Hingabe" genauso tiefe Eindrücke in sich aufnehmen und durchs Leben hindurch mitsichtragen, wie beim Hinlauschen auf ein Märchen. Der Unterschied ist nur der, daß das Spiel durch sein Bewegungselement, meist noch direkter als das Märchen, das in der Seele des Kindes so tiefverborgene Willenssystem anspricht.

Außer Bewegung und Rhythmus, finden wir im Spiel auch das Element der *Bildersprache*. Obwohl die Bilder in den Spielen z. T. den gleichen Charakter aufweisen wie die Bilder der Märchen, wirken sie hier in Bezug auf Gesang, Rhythmus und Bewegung, auf denen sie ja beruhen, doch anders als sie es in den Märchen tun, wir werden später noch darauf zurückkommen.

Die Spiele bringen außerdem auch noch Bilder ganz anderen Charakters. Das sind Bilder, die nicht beim Namen genannt werden, die sich jedoch in der Spielweise als solche offenbaren: Bilder, die „geformt" oder „getan" werden, wie z. B. der *Kreis* oder die *Reihe*, das *Laufen* in einem Kreis, das *Laufen* in einer Reihe, das Sich-Aufteilen in zwei Gruppen, das Singen und Gegensingen, usw. Kurzum, es sind Bilder, die aus der *Aktion* und aus der *Spielweise* entstehen.

Diese Spiel- oder Bewegungsbilder unterscheiden sich natürlich viel stärker als die erwähnten Bild-Elemente in den Spielen von denen der Märchen und richten sich durch das Getan- oder Gemachtwerden mehr noch als das Spiel es im allgemeinen tut, an das Willenselement im Kinde.

Unter diesen zu formenden und zu errichtenden Bildern spielt zu allererst der *Kreis* eine sehr wichtige Rolle.

Der Kreis tritt in sehr vielen Spielen auf, und man wird vielleicht schon instinktiv fühlen, von wie großer Bedeutung dieses Element vor allem für die Kleinsten der Kleinen sein muß.

Das kleine Kind, das noch so sehr die mütterliche Umhüllung und Beschützung nötig hat, verlangt danach umso mehr, wenn es sich in einer ihm fremden Umgebung, z. B. im Kindergarten befindet. Das zeigt sich natürlich am stärksten, wenn es dort zum erstenmal erscheint, oder erst kurze Zeit dazu gehört. Dieses Sichfremdfühlen in der neuen Umgebung wird leider fast immer ein äußeres Stillwerden auslösen, innerlich aber einen desto stärkeren weckenden Einfluß ausüben hinsichtlich des „Kindertraumes", den das Kind noch weiterträumen sollte. Um diesen anfangs weniger günstigen Einfluß aufzufangen und möglichst rasch in eine positive Wirkung umzubiegen, ist natürlich das Sichheimischfühlen des Kleinkindes in dieser neuen Umgebung der Punkt, um den es vor allem geht und wobei die Kindergärtnerin versuchen muß, ihr neu Hinzugekommenes mit der nötigen liebevoll-warmen Ruhe zu umgeben. Natürlich wird jede Leiterin selber abtasten müssen, was ein Kind in einem solchen Augenblick am nötigsten braucht. Das eine erwartet als Ersatz für die vertraute mütterliche Umhegung ein sofortiges Aufgenommenwerden von der „neuen Mutter", ein anderes kann sein Vertrauen nicht so rasch schenken und wird den großen Übergang lieber erst still für sich durchmachen.

Dasselbe gilt dem neuen „häuslichen Kreis" gegenüber, der den gewohnten daheim ersetzen soll. Einmal kann es für das Kind gut sein, wenn es den neuen Kreis, in dem es aufgenommen ist, durch das Bild der sich im Kreise bewegenden Kinder ausgedrückt sieht. Wenn in einem anderen Falle das neue Kind die Konfrontation mit den ihm noch fremden Kindern schwer verträgt und das Im-Kreise-Stehenmüssen, ja vielleicht sogar schon das nur *Betrachten* des Kreises der ihm fremden Kinder eine erst noch abschreckende Wirkung auf es ausübt, wird die Leiterin dieses Kind besser — wenn möglich mit einigen anderen zusammen — erst noch für sich allein spielen, ein Bilderbuch anschauen oder sich mit etwas anderem beschäftigen lassen, wodurch es zugleich langsam mit der neuen Umgebung vertraut gemacht wird und auf diese Weise das ungünstig wirkende Element des Neuen auf ein Minimum beschränkt bleibt. Wenn dann in aller Stille die Assimilation stattgefunden hat, wird ein solches Kind meist von sich aus allmählich auch dem Spielkreis näherkommen.

Ist es einmal soweit, dann wird dieser Spielkreis die gesunde umhüllende Rolle, die der „neue Familienkreis" zu erfüllen hat, auf seine Weise noch verstärken und vertiefen können. Dann darf man hoffen, daß das kleine Kind den riesengroßen Übergang von der eigenen Mutter zu der „neuen Mutter", vom vertrauten Haus zu dem neuen „Zuhause" schließlich ohne großen Schaden, im ganzen gesehen vielleicht sogar zu seinem Vorteil durchgemacht hat und dieser neuen Lebensphase unbeschwert entgegengehen kann.

Außer der hier angedeuteten menschlich-häuslichen Bedeutung des „Kreises" als „Milieu", wie man sie auch im Spiel ausgedrückt empfinden kann, müssen sich im Kreiselement auch noch andere, tiefer verborgen bleibende Hintergründe dem Traum-Erleben des Kleinkindes mitteilen.

Wenn wir hier wieder an das vorgeburtliche Im-Geistigen-leben des kleinen Kindes denken, so müssen wir uns sagen, daß die Geisteswelt, der seine Seele entstammt, und die das Vaterland unser aller Seelen ist, eine von vielen menschlichen und vielen höheren Geisteswesen bewohnte Welt ist. Dies wird nicht nur in der Bibel, sondern auch in vielen Legenden und Mythen, wie auch in der Geisteswissenschaft deutlich ausgesprochen. Alle alten Völker kannten noch die Engelwelt und wußten sich ursprünglich sehr konkret mit ihr verbunden, was in vielen Mythen dadurch zum Ausdruck kommt, daß die Engelwesen der verschiedenen Hierarchien als Götter und Göttinnen verschiedener Größe und Bedeutung beschrieben werden.

Daß unsere Seele vor der Geburt inmitten dieser höheren Wesen lebte, sich „im Kreise der Engel" befand, bedeutet uns im allgemeinen nicht viel mehr als eine fromme Vorstellung, eine Hypothese. Für das Kleinkind, das dieser Geistvergangenheit noch soviel näher ist als wir, ist dies einstige Inmitten-der-Engel-sein absolut keine Hypothese oder bloße Vorstellung. Es ist genau das Entgegengesetzte davon, nämlich etwas, das ganz außerhalb des Bewußtseins bleibt, in den tieferen

Seelenschichten aber als die direkte Basis des eigenen Daseins und alles Seins empfunden wird. Das echte Kleinkind erlebt sich unterbewußt noch als umgeben und behütet von diesen höheren Mächten.

Wenn nun dieses innerliche Erleben dem kleinen Kinde in einem irdischen Bilde entgegengebracht wird, so kann dies von großer Bedeutung für es sein. Der Kreis der menschlichen Wesen, von dem es jetzt selbst ein Teil ist, kann bewirken, daß das Kleinkind — natürlich wieder unterbewußt — sich gewissermaßen zurückversetzt fühlt in jene Welt, in der seine Seele vor der Geburt weilte. Wenn es später, als erwachsener Mensch, auf seine erste Kinderzeit zurücksieht, wird es, wenn nur ein einziges tieferes Gefühl aus dieser Lebensphase noch in sein Bewußtsein zu dringen vermag, sich vielleicht fragen, aus welcher Welt dieses tiefe Erleben stammt. Der als kleines Kind wahrgenommene und selbst an ihm mitgebildet habende Kinderkreis, kann dem nun Erwachsenen zu einem Verbindungsglied werden für das, was er mit dem vor der Geburt Erlebten, mit dem dort gebildeten „Kreis" der Seelen, an dem er einstmals teilhaben durfte, aufs neue verbindet — wenn sich diese neue Verbindung auch vorläufig in schlummernden Fragen und Vermutungen verbirgt. Diese Fragen, so vage sie anfänglich auch sein mögen, können zu einem ernsten Beginn eines gründlicheren Sichvertiefens in die Entwicklung der Seele führen. Auch hier wieder, jetzt mittels dieses Kreises, kann die Kleinkindphase, wenn sie sich wirklich in diesen zwei Welten lebend entfalten durfte, dem Erwachsenen zum Schlüssel werden für die eine der beiden Welten, die ihm sonst vielleicht sein ganzes Leben hindurch verschlossen geblieben wäre.

Noch eine andere, jetzt wieder mehr menschliche, aber doch ganz verborgene Rolle kann der Kreis im Kreisspiel erfüllen.

Die Menschenseelen, die, nachdem sie das Erdenleben verlassen haben, sich schon längere Zeit in der Geistwelt befinden, bereiten sich alle auf ein neues Erdendasein vor. Dabei bilden sich unter diesen Seelen, je nach Wesensverwandtschaft und Zielen, bestimmte Gruppen oder Kreise, wobei infolge des sich gemeinschaftlichen Verbindens mit bestimmten Menschheitsaufgaben oder durch bestimmte gegenseitige Entwicklungsverhältnisse eine große Zusammengehörigkeit unter den zu einer bestimmten Gruppe gehörenden Seelen entsteht. Die sich so in der geistigen Welt gebildet habenden Seelengruppen, bilden dann nachher auf der Erde auch wieder einen Kreis, und zwar so, daß die wesensverwandten und durch gemeinschaftliche Aufgaben miteinander verbundenen Menschen sich zu einer bestimmten Zeit und in bestimmten Lebensverhältnissen wiederbegegnen, um zusammenzuleben oder -zuarbeiten. Das kann schon in der Jugend, ja bereits in der sehr frühen Jugend geschehen. Es begegnen sich dann und gruppieren sich die Seelen, die sich als kleine Kinder begegnen müssen und die das allmähliche Erwachen aus dem vorgeburtlichen Geistesdasein zum Erdenbewußtsein *gemeinsam* durchmachen müssen. Später kann jedes dieser Menschenkinder zu ganz anderen Gruppierungen gehören, doch in der Spielschule — man wird es empfinden können — haben sich Seelen gruppiert, die gemeinsam und auf gleiche oder ähnliche Weise, und unter der Leitung gerade dieser einen Lehrerin und Leiterin den mitgebrachten Geistesinhalt in irdischen Bildern und Verhältnissen unterbringen wollen, um sie in ihnen, in oft ganz verschiedenen Richtungen, durchs Leben zu tragen.

Den gesamten Inhalt an geistigen Erfahrungen und Erlebnissen, an daraus sich ergebenden geistigen Aufgaben und Impulsen, den die Seele in sich trägt und der sie, unbewußt, andere Seelen suchen läßt, aber auch zu bestimmten Idealen und Taten veranlaßt, der bestimmte Möglichkeiten und Eigenschaften, auch „Seelenschulden" hat, benennt die Geisteswissenschaft mit der alt-indischen Bezeichnung *Karma*. Menschen, die von ihrem Karma geführt, sich in einem Menschenkreise zusammenfinden, nennt man „karmische Kreise".

Solche Karmakreise gibt es viele im Leben eines jeden Menschen. Da sie sich gegenwärtig auch, wie angedeutet, schon unter den Kleinkindern bilden können, wird man sie jedoch als etwas Neues anzusehen haben. Wo sich bei früheren Generationen das Leben, und damit auch das Karma des kleinen Kindes, fast nur innerhalb der Familie abspielte, hat es sich jetzt auch in starkem Maße über die Kindergartengruppen ausgebreitet. Man könnte es auch so ausdrücken: wo früher die Seele in der Geistwelt und, vor der neuen Geburt stehend, sich für seine Baby- und Kleinkindzeit nur eine bestimmte Familie „wählen" (respektive: sich karmisch anweisen lassen) konnte, wird jetzt die Seele für ihre Kleinkindzeit zugleich eine bestimmte Kindergarten-„Tante" und einen bestimmten Kreis von anderen Kleinkindern finden müssen, die ebenso gerade diese „Tante" und auch einander suchen, was natürlich wieder durch die Hilfe höherer Mächte möglich gemacht und gelenkt wird.

So wird man als Mensch dieser Zeit, der nicht zum eigenen Schauen seines Karmas imstande ist, dennoch sehr bestimmt sagen müssen, daß sich nun bereits schon seit Jahrzehnten, das Kleinkindkarma stark gewandelt und ausgeweitet hat in dem Sinne, daß das heutige Kleinkindalter eine ganz neue Verwirklichung alten Karmas möglich gemacht hat und zugleich eine neue Grundlage dem der Zukunft gewandten Karma bietet. Kreise, die vor einigen Jahrzehnten noch nicht bestanden: der Kindergartenkreis mit seiner Leiterin, kann jetzt karmisch von der Geisteswelt aus gesucht werden. Alte karmische Kreise verkörpern sich in neuen Kleinkindkreisen; die Kleinkindkreise bereiten neue karmische Kreise und Möglichkeiten vor. Das Verhältnis: karmischer Kreis — Kleinkindkreis, tritt als ein neuer Zusammenhang in der Menschheitsgeschichte auf. Und inmitten dieser neuen Verhältnisse und Strömungen steht die Kindergärtnerin, deren Aufgabe ebenso ein Novum ist unter den Verhältnissen der Menschen untereinander. Im letzten Kapitel dieses Buches werden wir noch näher darauf zu sprechen kommen.

Wir sehen also, welch eine große Rolle das Element des Kreises im Kindergarten zu erfüllen hat. Schon auf dem äußerlich sichtbaren Plan ist diese Rolle weit größer als jene, die sie in der modernen Familie spielt. Während sich der „häusliche" Kreis — außer bei den gemeinsamen Mahlzeiten — kaum noch als wirklicher Kreis darbietet, sehen wir ihn im Kindergarten in vielen Formen sichtbar Gestalt annehmen: beim Singen eines Liedchens, beim Anhören eines Märchens, beim Malen oder Zeichnen, beim Essen des Butterbrotes in der Pause, dann wieder beim Spielen eines Kreisspieles und bei vielen anderen Gelegenheiten. Der Kreis, der sich aus dem singenden Spielen und Tanzen bildet, muß, sobald sich das Kind in ihm zuhause fühlt, stärker als jeder andere Kreis, die Umwelt wieder aufleben lassen, in der es sich einst vor der Geburt befand: den Engelkreis oder Engelreigen, der mit seiner ewigen Sphärenmusik alle Ungeborenen umgibt.

Auf diese Weise hat jede der hier angeführten Kreisformen ihren eigenen Charakter und ihre Bedeutung. Der Kreis beim Pausenbrot ist die gemeinschaftliche Verbindung mit der Nahrung, mit der Erde; der Kreis alles künstlerisch Ausgeübten und Erlauschten, auch des Märchens, ist der Kreis der kindlichen „Meditation", wobei wir das Wort Meditation auffassen im Sinne eines sich im „Zwischengebiet" (medium) Befindens, zwischen Himmel und Erde, wo durch die sich gestaltenden und erlauschten Bilder, die geistige Welt der Erdenwelt heruntergebracht wird. Der Kreis der Kreisspiele führt das Kind zurück zu den Sphärenharmonien und bringt sie auf der Erde zum Nachklingen und Nachtanzen ... „Im Himmel ist ein Tanz ...".

Durch diese große, oft kosmische Bedeutung des Kreises im Kreisspiel, nehmen unter allen Spielen gerade jene, bei denen das Kreiselement auftritt, einen ganz besonderen Platz ein; vor allem bei den Jüngsten, sobald diese sich in den Kreis aufgenommen fühlen.

Viele Kindergärtnerinnen werden für ihre Allerkleinsten die Kreisspiele (als *Typ*, hier also abgesehen von den Schwierigkeiten, die auch bei diesen Spielen bei den ganz Kleinen noch auftreten können) als die einzig möglichen Spiele ansehen, was gewiß viel für sich hat. Umsomehr, weil die anderen Spieltypen mitunter auch wirkliche Behinderungen für diese Kleinen mit sich bringen. Wird z. B. ein Spiel gewählt, bei dem die Kinder in zwei Gruppen nebeneinanderstehend, abwechselnd — und dabei singend — aufeinander zugehen, dann kommt es dabei zu so stark ausgeprägten Rhythmen, daß die Kleinsten, wenn sie mit den anderen Schritt halten sollen, eine besondere Führung und Beschützung brauchen. Wird ein Spiel gespielt, bei dem die Kinder in einer langen Reihe laufen, dann stellen sich für die Jüngsten wieder andere Schwierigkeiten ein. Bei diesen Spielen tritt nämlich sehr stark das *lineare* Element, der Liniencharakter auf, das ist seinem Wesen nach das logische, intellektuelle Element (die Gedanken werden ja doch auch logisch aneinander-„gereiht"!). Für die größeren Kinder kann das ganz ausgezeichnet sein. Viele von ihnen beginnen schon deutlich ihre Verstandeskräfte zu entfalten, manche mehr, als ihrem Alter guttut, und es ist wichtig, daß dieser Prozeß, der ja doch stattfindet, ohne Beistand aber sich ungünstig entwickeln kann, im Rhythmus des Spieles aufgefangen und im Phantasiebild vor Erstarrung bewahrt bleibt. Die „Kette", die in dem Spiel wirklich aus und von den Kindern „geriegen" wird, ist für die größeren Kinder ein prächtiges Bild für die bei ihnen schon ab und zu auftretenden Gedanken-Gliederungen; und diese Glieder mit Armen und Beinen ausführen zu können, enthebt das Gehirn zu einem Teil dieser Funktion und leitet somit alles in gesündere Bahnen, wobei jetzt auch der Rhythmus eine sehr günstige Rolle spielt. Die Kleinsten jedoch können, wenn sie in einem „Zuge" mitlaufen müssen, sich niemals richtig wohlfühlen. Wo ist hier der sie umhüllende Kreis? Sie fühlen sich verlassen. Was das Laufen betrifft, so sorgt natürlich die Leiterin dafür, daß alle Kleinen, auch die Jüngsten, gut mitkommen; die Allerkleinsten wird sie vielleicht an der eigenen Hand führen. Das ändert aber nichts daran, daß dieses Mitlaufen für die Allerkleinsten doch noch etwas ganz anderes ist, als für die Größeren. Ihre kleinen Beinchen kommen da noch nicht recht mit und statt sich in die Kette aufgenommen zu fühlen, müssen sie nur darauf bedacht sein, mit dem großen „Strom" mitzukommen. Wenn sich aber die so erzwungene Aufmerksamkeit der Kleinen abschwächt, droht diesem Laufprozeß im wörtlichen Sinne eine „Konkurrenz", ein erzwungenes Mitgehen mit dem großen Strom zu werden. Da aber Spiele wie diese für die größeren Kinder gerade so geeignet sind und man sie darum nicht immer wegen der Kleinsten hintenansetzen kann, haben letztere doch hierbei immer die besondere Aufmerksamkeit und Obhut der „Tante" nötig.

Und so ist auch von diesem mehr physischen Gesichtspunkt aus das *Kreisspiel*, bei dem für *alle* Kinder eine gewisse Geborgenheit erreicht werden kann, und wobei weder Rhythmus- noch Denk-Elemente vorzuherrschen brauchen, unter den Singspielchen sicherlich das den Jüngsten am angemessendste Spiel, bei dem es jedem Kinde freisteht, mitzusingen oder — den Daumen in den Mund zu stecken.

*

Selbstverständlich werden wir bei all diesen Unterscheidungen und Aufteilungen niemals starre Grenzen ziehen können. So wird z. B. das Spiel „Weiße Schwäne, schwarze Schwäne", das einen noch so kosmisch-reinen Charakter zeigt, als Zugspiel gespielt, während andererseits das schon ziemlich irdisch-rhythmische „Habt ihr schon gehört von den Siebensprüngen" einen großen, spirituellen Inhalt verrät und sich als ein Kreisspiel ausweist. Hier geht es uns nur um das Auffinden bestimmter beweglicher Normen, die trotz der vielen, aus der lebendigen Wirklichkeit sich ergebenden Variationen und Überkreuzungen, doch als ein leitendes Prinzip durch die gesamte Spiel-Welt hindurchziehen.

V. Die Prototypen der Singspielformen und ihre Wirkung im späteren Leben

Die Dreiheit: „Kreisspiel", „Gegenüber-Spiel", „Zug-Spiel"
Wortklang-Erleben beim Kleinkind
Das große Wiedererkennen — Wie kann es im späteren Leben wirken?
Sind viele oder nicht viele verschiedene Spiele zu spielen?
Lieblingsspiele
Rhythmus und Wiederholung in Mensch und Welt

Bei allem, was bereits über die Kindersingspiele gesagt wurde, wird aufgefallen sein, wie außergewöhnlich vielfältig und variiert die Elemente sind, aus denen sie sich aufbauen. Wir können z. B. unterscheiden: die Bewegung, den Rhythmus, den Bildinhalt, die Form, Gesang und Melodie, die Wortklang-Musik und anderes mehr. Jetzt wird es unsere Aufgabe sein, die Form und Bewegungselemente, die wir im vorigen Kapitel unterschieden in: den *Kreis*, das *Aufeinanderzu-und-Hinundhergehen* von zwei Gruppen, und das Laufen in einer langen Reihe, in einem *Zug*, noch einmal von anderen Gesichtspunkten aus zu betrachten und einander gegenüber zu stellen. Dabei kommen wir von selbst zu einer gewissen *Dreiheit*, von der aus wir die Spiele als Ganzes zusammengestellt sehen können, und die wir benennen wollen mit den aus den obigen Betrachtungen entstandenen Bezeichnungen: *Kreisspiel, Hin-und-her-Spiel* und *Zug-Spiel*.

Wir machten bereits darauf aufmerksam, daß die Kreisspiele als Typ im besonderen Maße für die ganz Kleinen geeignet sind und daß es sich bei den anderen beiden Formen damit wieder anders verhält. Nun wollen wir uns noch mehr in diese Unterschiede vertiefen und zugleich die gewonnenen Unterscheidungen der Form- und Bewegungstendenzen in einem etwas größeren Lichte sehen.

Der Kreis, der uns vor allem seinen umhüllenden, tragenden, seinen beschützenden Charakter offenbaren konnte — vom unterbewußten, aus der vorgeburtlichen Welt stammenden Kindererleben bis zu den Engelsphären hin — kann uns, wenn wir uns in diese Umhüllung weiter vertiefen, schließlich hinführen zum tiefsten Ursprung aller Beschützung, aller Kraft: zu der Macht, von der das tiefste Wesen *jeder* Seele sich getragen fühlen *muß:* dem Vater-Gott. Es ist in höchster Form die göttlich-umfangende, tragende Kraft des VATERS, von der das kleine Kind noch so stark umhüllt ist und die ihm aus dem

Kreis, sobald es sich ihm vertrauensvoll hingeben kann, jetzt in irdischer Verkörperung entgegenkommt. Gegenüber dem Rhythmisch-Wogenden und sich stets Weiterbewegenden der anderen Spielformen, spüren wir hier, selbst beim Laufen innerhalb des Kreises, doch in seiner Gänze das Element der umhüllenden und umfangenden väterlichen *Ruhe*. Wir könnten auch sagen: es ist das Urelement der Ruhe, jedoch der lebendigen, schöpferischen Ruhe unter den Form- und Bewegungsprinzipien der Spiele; die schöpferische Ur-Ruhe des Vaters, der alles andere entspringt.

Das zweite Prinzip, das wir in den „Gegenüber-Spielen" finden, die wir, von der Bewegung ausgehend, auch Hin-und-Her-Spiele nennen, ist das rhythmische Prinzip, das auch im Pulsschlag, in der Atemholung und ebenso in allen großen Ereignissen der Erdenentwicklung: in Tag und Nacht, in Sommer und Winter, in Ebbe und Flut, auftritt; es ist das Prinzip, das Mensch und Erde in beider Entwicklung impulsiert im Herzschlag von allem, was auf der Erde lebt: das Prinzip des SOHNES. Auch die zwischen Menschenseelen erwachsende Verbindung muß sich in Rhythmen von Sichnähern und Sichentfernen enwickeln. Dieses lebendige, zur Entwicklung führende Prinzip des SOHNES ist es auch, das alles tiefere menschliche Verstehen und alle menschlichen Liebes- und Helferkräfte zur Entfaltung bringt. Das Gegenüber- oder Hin-und-her-Prinzip in den Spielen bringt das wachsende Verhältnis zwischen den Menschen zum Ausdruck.

Das dritte Form- und Bewegungsprinzip, das Figurenlaufen in einer langen Reihe, in einer „Kette" drückt bildlich etwas aus, was selbst wieder der Ausdruck für etwas viel Größeres ist: es bildet unser logisches Denken. Nachdem dem Menschen der leuchtend-offenbarende Charakter des Geistes verlorengegangen war, äußerte dieser sich im Leben auf der Erde vorerst in der zur Linie verkümmerten Gestalt des irdisch-logischen Gedankenganges, in der linienförmigen Ratio. Auch das heranwachsende Kind lernt seine früheren kosmischen Erlebnisse und Inhalte zuerst in eine ver-irdischte Form zu bringen und in einem irdischen Zusammenhang aneinanderzuschließen, gewissermaßen zu einer „Kette zu reihen", zu einer Kette der Logika, aus der sich erst viel später das leuchtende Wesen des Geistes wieder befreien kann. Die Reihe, der Zug versinnbildlichen, wenn auch in sehr verirdischter Form, doch das Prinzip des Denkens und damit schließlich auch das des Geistes.

*

Es ist für das Kleinkind, ja sogar für die Allerjüngsten, besonders wichtig, diese drei Prinzipien zusammen in einer gewissen Harmonie unterbewußt träumend zu erleben. Nur muß diese Harmonie auf jeder Altersstufe des kleinen Kindes einen anderen Charakter aufweisen und sein Schwerpunkt auf eine andere Komponente dieser Dreiheit gelegt werden, wobei dann die übrigen Komponenten anders behandelt werden müssen.

Bei den größeren Kindern ist alles weniger problematisch. Für die Fünf- bis Sechsjährigen ist ja doch *alles* geeignet, so daß bei ihnen nur noch darauf geachtet werden muß, daß ihre erwachende Intelligenz vorsichtig abgefangen wird; während die Vier- bis Fünfjährigen schon recht gut am Rhythmus teilnehmen können, wenn man es nur vermeidet, daß sie nicht zu forciert aus ihrem langsamen Erwachen vom Traum- zum Tatrhythmus aufgerüttelt werden.

Man wird also, wenn man genügend auf die Jüngsten und die der mittleren Altersstufe achtet, die drei Spielarten mit gutem Erfolg mit den Kindern spielen können.

Bei den vielen Überlegungen, die hier nötig sind, müssen wir jedoch stets bedenken, daß alle diese Spiele, die ursprünglich vorwiegend von Schulkindern auf den früher noch stilleren Straßen oder auf dem Schulhof gespielt wurden, seit dem Entstehen der Kindergärten auch schon mit den Kleinkindern gespielt werden. Das ist etwas, was diese Kleinen niemals von sich aus tun würden! Früher blieben die noch nicht Schulpflichtigen zuhause bei der Mutter, spielten mit ihren Spielsachen, schauten wohl auch mitunter dem Kreisspiel der älteren Geschwister zu, die ihnen ab und zu auch einmal großmütig erlaubten, zwischen ihnen mitzutrippeln. Erst als die Eltern ihre Jüngsten in die Klippschulen, die späteren Kindergärten (früher hießen sie „Kleinkinderbewahranstalt") gaben, wo sie in Gruppen zusammenkamen, begann man, um diese große Anzahl kleiner Kinder zu beschäftigen, mit ihnen die Kreis- und anderen Spiele der Schulkinder zu spielen. Wir haben gesehen, wie bedenklich sich das unter Umständen auswirken kann, und wir wollen hoffen, daß es später einmal Spiele geben wird, die speziell für das Kleinkind geeignet sind, die seinem Wesen gerecht werden und die das rhythmische Element mehr in warm umhüllender als in handelnd-aktivierender Form an die Kinder heranbringt, dabei im Rhythmus die Mitte haltend zwischen dem noch ganz umhüllenden „Ringel-ringel-Reihe" der Kleinsten und den ursprünglich von den Schulkindern gespielten Singspielen.

Kommen wir nun zu dem, was das Kleinkind aus den *Worten* der Spiele aufnimmt, so braucht man wohl nicht erst darauf hinweisen, daß sie den Kleinsten vorläufig nicht mehr als eine Art „Wortklang-Musik" bedeuten; das heißt jedoch nicht, daß dies etwas Geringeres sei als für uns das Verstehen der Worte. Eher ist das Gegenteil wahr. Wir wollen versuchen, uns eine konkrete Vorstellung davon zu machen und vielleicht einmal an den Eindruck denken, den das Anhören einer in einer uns völlig fremden Sprache gesungenen Oper auf uns macht. Als ich einst eine russische Oper hörte, von deren Text ich kein einziges Wort verstand, wurde ich, außer von der Musik, umsomehr gebannt von der so ganz anderen Art des Singens und des Agierens der Darsteller und nicht zuletzt durch den Klang der slawischen Sprache. Und das gerade deshalb, weil die Bedeutung der Worte, denen ich nicht folgen konnte, mich nicht meiner Unbefangenheit gegenüber den erwähnten ursprünglicheren Elementen berauben konnte. Es schien sich mir auf diese Weise etwas von dem Wesen der slawischen Volksart offenbaren zu wollen. Jeder von uns wird sicherlich selbst einmal etwas Ähnliches erfahren haben. Bringt uns die Natur nicht jeden Tag solch ein großes Schauspiel und einen solchen „Laut-Gesang“, von dem wir äußerlich kein Wort verstehen und der uns dadurch zu einer umso mächtigeren Offenbarung werden kann, entgegen? Die Wolken, die über den Himmel ziehen, der Wind, der durch die Bäume weht, der Regen, der auf die Erde rauscht?

Etwas von dieser Art — mancher wird sich selbst noch daran erinnern — erlebt auch ein kleines Kind beim Sehen und Hören der Spiele und Liedchen, die es noch nicht, oder sehr wenig versteht. Nur ist sein Erleben in diesem Fall größer und ursprünglicher als das unsere. Das Kind kommt ja doch aus einer Welt, in der nur die Geistsprache erklang. Diese ist es, die nachklingt in ihm in der halb oder nicht verstandenen „Wort-Klangmusik“ des Spielens. Diese Geistmusik begleitet auch die großen, in seiner Seele noch schlummernden Geistgeschehnisse aus seiner vorgeburtlichen Welt, die es jetzt ausgedrückt fühlt im Gesang und in den Handlungen des Spieles. Ahnen wir auch nur im entferntesten, welche tiefen Geisterinnerungen in der Seele des kleinen Kindes aufdämmern beim Hören dieser alten Kinderliederspiele?

Dieses halbe oder falsche Begreifen von Worten in einem Lied oder Spiel nimmt hier einen viel größeren Platz ein und die Zeit des Nicht-Verstehens dauert im allgemeinen viel länger als z. B. bei nicht verstandenen Märchenworten, da letztere, außer durch die Stimmung und die Erzählweise des Erwachsenen, doch auch noch vom Wort-Inhalt her zu ihm sprechen und ihm bei einem falschen Verstehen nur wenig oder gar nichts über den Inhalt verraten. Das kleine Kind folgt einfach dem roten Faden der Geschichte oder des Märchens, das so schlicht und lebendig erzählt werden muß, daß es leicht aufgenommen werden kann. Bei den Liedern und mehr noch bei den Spielen, wo das Kind noch viel direkter von Melodie und Handlung gefesselt wird, fragt es nicht nach einem logischen Zusammenhang der Worte, und so kann die „Klang-Magie" noch voll und ganz ihre Wirkung ausüben.

Und wenn sich einmal in der Phantasie des Kindes ein bestimmter Begriffsinhalt oder eine bestimmte Vorstellung in diesen magischen Zusammenhang einschleicht, dann wird dieser Inhalt, wie unlogisch oder falsch er mitunter auch sein mag, in dem großen kosmischen Zusammenhang, in dem das kleine Kind ihn noch erlebt, sich während der ganzen Kinderzeit, mitunter sogar bis ins Erwachsenenalter hinein zu behaupten wissen.

Dieses Verharren des kleinen Kindes im Klang-Erlebnis tritt bei allen Spielformen auf, sowohl bei den alten, wie auch bei den neueren und ganz neu erdachten. Kommt jedoch erst einmal das logische Erfassen der Worte, dann wird begreiflicherweise die Ernüchterung bei den neuen Spielen, durch ihr Absinken zur irdischen Logik, größer sein als bei den alten Volksspielen, die selber kaum noch zum irdischen Plan herabgefunden haben.

Die tieferliegenden Bilder — man könnte auch sagen: diese „Imaginationen" — in den alten Spielen, stammen ursprünglich aus den in Geistesbildern lebenden „imaginativen" alten Fähigkeiten, die zur Zeit des Entstehens dieser Spiele noch eine Rolle spielen konnten. Wegen ihres verborgenen Reichtums werden diese alten Spiele, solange es noch keine vollwertigen neuen gibt, mit Recht bevorzugt.

Indessen braucht dasjenige, was das Kind in der „Klangmagie" eines Spieles erlebt, absolut nicht mit dem übereinzustimmen, oder auch nur verwandt zu sein, was die großen *Bild*motive und andere Elemente der alten Spiele an Geisterinnerungen in ihm aufleben lassen. Ihre Wortklang-Musik wird dem Kleinkind vielleicht etwas sehr Eigenes geben, und doch tun diese Klänge schließlich nichts anderes als den großen Bildinhalt des Spieles auf ihre Weise zu „färben" oder zu „beleuchten"; sie bringen dadurch den Bildinhalt *selbst* zur Offenbarung.

Es muß hier noch gesagt werden, daß selbstverständlich auch die neuen Kinderspiele ihre Aufgaben haben. Ist doch allein schon der Mut bewundernswert, den es braucht, um sie zu erdenken, zu ersinnen. In unserer Zeit, wo der Mensch nun einmal die direkte Verbindung mit der Geistwelt verloren hat, wäre es ein sinnloses Unterfangen, wetteifern zu wollen mit dem, was ein ganzes Volk aus seiner einstmals vorhandenen Geistverbindung hervorgebracht hat. Und doch dürfen wir, wie bei so vielen anderen Dingen, auch hier nicht beim Alten stehenbleiben. Wie würde es um die Menschen einer ferneren Zukunft bestellt sein, wenn sie eine oder eine Anzahl von Generationen in lässiger Gleichgültigkeit Verharrender hinter sich hätte? Wir müssen uns immer wieder „strebend bemühen", — sei es auch nur mit dem bescheidenen Bewußtsein unserer jetzt noch geringen Fähigkeiten auf dem Gebiet des Geistig-Schöpferischen, — neue Spiele und gute neue Märchen zu ersinnen. Wenn wir uns dabei bemühen, dem Kleinkind zu geben, was „des Kindes" ist, wird uns das auch gelingen!

Im VII. Kapitel, wo von den neuen Handwerksspielen gesprochen wird, werden wir auch auf dieses Thema noch einmal zurückkommen.

Mit unseren Betrachtungen über die „Wortklang-Magie" wollen wir nichts anderes erreichen, als die Aufmerksamkeit objektiv auf bestimmte formende Elemente in den alten Spielen zu richten, die bisher nur selten erkannt wurden und die dort in einem Zusammenhang auftreten, der den Abgrund der irdischen Logik noch vermeidet, in den die Weiterentwicklung des Menschen ihn stürzen muß, und aus dem er sich jetzt in einem *neuen Sinne* herauszufinden versuchen muß.

Die alten Kinderspiele sind indessen in ihrer noch lebendigen, durch und durch positiven Magie, tatsächlich als kleine Volks- oder Kinder-Mysterienspiele anzusehen. Sie weisen dem Kinde den richtigen Weg: von seinem Ursprung, der Geisteswelt an bis hin zu den irdischen Lebensverhältnissen.

Es wird kaum ein Spiel geben, das überall auf dieselbe Weise gespielt oder mit den gleichen Worten gesungen wird, und obwohl die ältesten der Kinderlieder ebenso wie die alten Volksmärchen meist das gleiche Grundmotiv erkennen lassen, sind sie in Text, Darstellung und Bildcharakter doch oft sehr verschieden.

„Muß wandern, muß wandern von einem Ort zum andern . . ." ist in Deutschland ein sehr beliebtes Spiel. Man kennt es auch in Holland, aber da heißen die beiden ersten Zeilen: „'k moet dwalen, 'k moet dwalen langs bergen en langs dalen . . .", was ins Deutsche übertragen heißt: „Ich muß umherschweifen, muß über Berge und Täler meinen Weg suchen . . .". Und eigentlich bringt der holländische Text viel deutlicher das Grundmotiv dieses Spieles zum Ausdruck: das Suchen nach dem rechten Weg, das vor einem kurzen Zeitraum noch etwas sehr Reales für die Seele des Kindes war, die vor der Geburt durch die geistige Welt „schweifte" und „wanderte" und — mit der sie bewegenden Frage, wo sie wohl Zugang zum irdischen Leben, zum irdischen „Kreis" finden werde — auf die Erde herabsah. Bei diesem „Wandern" in der geistigen Welt und der Schau auf das

künftige Erdenleben, waren die Berge und Täler ihre eigenen Seelen-
berge und Seelentäler, und sie sollten zu den „Bergen" und „Tälern"
— dem Glück und den Prüfungen— des vor ihm liegenden Erdenlebens werden.

Auch in der Melodie zeigen diese beiden Versionen eine gewisse
Ähnlichkeit, nur ist der Rhythmus im deutschen Spiel ein mehr betont-
straffer, während er im holländischen Spiel zögernder, fast etwas
schwermütig anmutet und man in ihr die Trauer zu spüren scheint,
die die Seele empfindet, wenn sie die Geistwelt, ihr eigentliches Vater-
Land, verlassen muß. Es ist die Stimmung, die uns in so vielen Märchen begegnet: das Verlassen des Vaterhauses, so z. B. in „Hänsel
und Gretel", in „Brüderchen und Schwesterchen", im „Kleinen Däum-
ling" u. a., worauf dann meistens, und das ist gerade hier sehr bedeutungsvoll — das Umherirren im dunklen Walde folgt. Es ist das Bild
der Menschenseele, die den Vater verläßt und sich im Geistesdunkel
des Erdenlebens verirrt.

Wir spüren hier, wie der mehr kosmische Beginn des holländischen
Spieles noch deutlich ein Bild für die Seele des *vor* der Geburt stehen-
den Kindeswesens ist, während die deutsche Version mehr das bereits
Auf-der-Erde-Angekommensein ausdrückt, wo das junge Menschen-
kind sich nun „von einem Ort zum andern" „wanderlustig" auf den
Weg macht, um seine neue Heimat, die Erdenwelt, zu erforschen.

Der nun folgende Text des Spieles entspricht bis auf einige kleine
Abweichungen dem holländischen. Dort heißt es:

> Kommt der kleine Springer in das Feld,
> Schwenkt seinen Hut,
> Stampft mit dem Fuß,
> Komm, wir wollen springen gehn, tanzen gehn,
> Die andern müssen stille stehn.

Im deutschen Text dagegen heißt es:

> Kommt ein lustiger Springer herein,
> Schüttelt mit dem Kopf,
> Rüttelt mit dem Rock,
> Stampft mit dem Fuß,
> Komm, wir wollen tanzen gehn, tanzen gehn,
> Die andern müssen stille stehn.

Bei diesem Text nimmt die Melodie plötzlich einen fröhlichen,
tatenlustigen Charakter an. Das Kind, das bisher außen um den Kreis
herumgelaufen ist, springt nun in den Kreis hinein: „Kommt ein
lustiger Springer herein...". Die Seele hat die Erdenwelt betreten,
das junge Menschenkind kann nun seine Arme und Beine wirklich

bewegen und beginnt fröhlich in seiner neuen Umwelt, der Erdenwelt, herumzuspringen.

Wenn es dann im holländischen Text heißt:

„Schwenkt seinen Hut . . .“

so dürfen wir diese fröhliche Geste wohl als ein Bild sehen für den ersten Gruß, den „der kleine Springer“ seiner neuen Heimat darbietet, aber ebenso auch für seinen Abschiedsgruß hin zur eben verlassenen himmlischen. — Der deutsche Text:

„Schüttelt mit dem Kopf,
Rüttelt mit dem Rock . . .“

will etwas anderes ausdrücken: ein mehr trotziges Aufbegehren, ein sich in der neuen Gewandung (dem Erdenleib) Zurechtrücken, Zurechtschütteln, um Kopf und Leib auf ihre Tauglichkeit zu prüfen. Dasselbe besagt dann auch in beiden Versionen die nächste Zeile:

„Stampft mit dem Fuß . . .“

wodurch die Verbindung mit der Erde, gewissermaßen das Fußfassen auf ihr symbolisiert wird und wodurch ausgedrückt werden soll: die Inkarnation, die Ein-Körperung, ist nun ganz vollzogen.

Nun wählt der kleine Springer ein anderes Kind aus dem Kreis und tanzt mit ihm im Kreise herum:

„Komm, wir wollen springen gehn, tanzen gehn . . .“

Heißt das nicht: der Mensch will sich frei auf der Erde bewegen, aber — das „Ich“ ist plötzlich zum „Wir“ geworden: es will nicht allein durchs Leben gehen, es gesellt sich einem anderen Menschen zu, der jedoch keineswegs der „Lebenskamerad“ oder „Lebensgefährte“ zu sein braucht, sondern ganz allgemein dem karmisch zu begegnenden Menschen, oder, noch allgemeiner und vielleicht noch größer: der andere Mensch, der „Mitmensch“, um in Freiheit *mit ihm*, nicht nur als „Ich“, sondern als ein „Wir“, als das wirkliche, im Menschen zu suchende „Wir“ das Leben auf der Erde zu gestalten.

„Die andern müssen stille stehn . . .“

Diese „Anderen“, die Seelen, die noch nicht zur Inkarnation gelangen können, müssen noch in der Geisteswelt bleiben und ihre Zeit abwarten.

Bei der Wiederholung des Spieles wird nun das zum Tanz aufgeforderte Kind der kleine „Springer“, während das erste Kind den freigewordenen Platz im Kreis einnimmt.

Werden nicht hier in diesem einfachen Spielchen alle wichtigsten Stationen des menschlichen Seins, wie flüchtig skizziert, aufgezeigt: Sein Herabkommen zur Erde, sein Sichzurechtfinden, Zurechtrütteln in der neuen Umgebung und im neuen Erdenleib, sein Sich-mit-der-

Umwelt-Auseinandersetzen, das Wählen seiner Mitmenschen, seiner Zeitgenossen, sein gemeinsamer „Lebenstanz" und schließlich sein Zurückkehren in den himmlischen Kreis, in die Geistwelt, von der er einstmals herkam? Schlichter und eindrucksvoller als es diese Bilder tun, vermag wohl kaum etwas anderes zu der kindlichen Seele zu sprechen.

Wenn die Begegnung mit den zwei Welten, die das Kleinkind beinahe fortwährend erlebt, auch uns Erwachsenen zu einer Realität werden kann, und wenn das große, in Träume gehüllte Wiedererkennen der Geistwelt in den irdischen Dingen und Geschehnissen auch unsere Seele mitzuerleben vermag, dann werden wir erkennen, daß die Spiele ebenso wie die Märchen, nicht nur während der Kleinkindphase, in der das Kind sie hört und spielt, so wichtig für die Kleinen sind, sondern daß sie — wenn auch später vielleicht völlig vergessen — trotzdem ihre bildende und tief-geistig wirkende Kraft über das ganze Erdenleben zu erstrecken vermögen.

Und so können wir zusammenfassen: die „Geistverkörperungen", die in der frühen Jugend des Kindes mit Hilfe der Spiele und Märchen stattfinden — die göttliche Vaterwelt zeigt sich verkörpert im „väterlichen Haus", die irdische Geistverdunkelung im „dunklen Wald" — sie werden zu Samenkörnern, die ihre sie schützend umhüllenden Schalen noch lange Zeit behalten und die, meist erst in den viel späteren Lebensjahren, aus ihrer Bildumhüllung befreit, zur Bewußtseins-Blüte sich entfalten können. Die aber, auch wenn sie das nicht tun, doch im Unterbewußtsein ihre immergrünen Lebenskräfte allseitig ausstrahlen und mit ihnen alle Altersstufen unterschwellig bereichern.

Wenn ein kleines Kind in einem solchen Spiel vom umherschweifenden Suchen des Weges über Berge und Täler hört, und „träumend" seine eigenen vor der Geburt vollzogenen Seelenwege in diesen Worten und Handlungen wiedergegeben empfindet, dann werden ihm diese Bildformen zugleich zu Sinnbildern des noch zu vollbringenden irdischen Lebensweges, der durch geistige Höhen und Tiefen führt, die es ja schon aus der Vorschau auf das Leben in seiner Seele trägt und deren jetzt zu irdischen Vorstellungen konkretisierte Bildformen es durch das Leben begleiten und ihm eine Hilfe sein können, um bewußt seine vielleicht sogar großen Aufgaben in lichten Höhen und finsteren Tiefen zu vollbringen.

So hängt es in hohem Grade vom Erleben der Kleinkindzeit ab, ob später die Lebensaufgaben zu ihrem Recht kommen können, oder ob sie der tastenden, suchenden Seele verborgen bleiben müssen.

*

Wir wollen uns nun im folgenden noch zwei praktische Fragen stellen. Als erste: Ist das mehrmalige Wiederholen ein und desselben Spieles, abgesehen vom Rhythmus, günstig? Wenn ja, wie lange dürfen wir es dann fortsetzen?

Die zweite Frage ist: Kann es gut sein, *verschiedene* Spiele hintereinander zu spielen?

Wenn wir uns vergegenwärtigen, welche großen vorgeburtlichen Erlebnisse im Kinde bei diesen Spielen wieder aufleben, und welche ernste Aufgabe es für die Seele ist, die vorgeburtlichen Impulse und Geist-Inhalte in den Bildern des Spieles unterzubringen, so werden wir verstehen, warum das Kind die Worte und Handlungen des Spieles nicht oft genug hören und tun kann und ganz in ihnen zu leben verlangt. Die Antwort auf die erste Frage ergibt sich also von selbst: Das Erleben von der Begegnung der Geisteswelt mit der Erdenwelt ist *so* groß, und von der Möglichkeit, hier auf Erden eine „Behausung" für ihre Geistesgaben zu finden, ist die Seele so sehr erfüllt, daß sie dieses Wiederholen der Erlebnisse, dieses Einziehen in die dargebotene Seelenbehausung braucht, um die Größe dieser Geschehnisse ganz in sich verarbeiten zu können und sie voll und ganz zu einer lebendigen Wirklichkeit werden zu lassen. Sie wird daher in einem äußerlich fröhlichen, innerlich aber tief devoten, vielmaligen, ja beinahe endlosen Wiederholen, den großen Prozeß, der sich hier vollzieht, stets von neuem erleben wollen, um gänzlich in ihm aufzugehen.

Ein mehrfaches Wiederholen ein und desselben Spieles, wenn die Umstände es zulassen und man das Gefühl hat, daß die Kinder auch innerlich danach verlangen, kann also nur gut und gesund, ja sogar notwendig sein. Es hat also auch seinen guten Grund, daß die alten Spiele meistens schon das Wiederholen als innere Selbstverständlichkeit voraussetzen und daß, wenn bei der Beschreibung eines Spieles die Wiederholung nicht erwähnt wird, man sie ruhig von sich aus vornehmen sollte. Allerdings wird man darauf achten müssen, ob nicht vielleicht bei den bereits „wacheren" Kindern, die der kosmischen Welt nicht mehr ganz so nahe stehen, durch das viele Wiederholen Unlust oder Langeweile aufkommt. Das Element der Langeweile verdirbt viel von dem, was aufgebaut wurde und kann unguten Faktoren helfen, sich einzuschleichen. Es muß also auch hierbei wieder mit Takt und Einfühlungsvermögen seitens der Leiterin der richtige Moment erfaßt werden, das Spiel nun zu beenden.

Mit der Beantwortung der ersten Frage hat sich die der zweiten eigentlich schon von selbst ergeben: die Frage, ob es gut und richtig ist, *verschiedene Spiele* hintereinander zu spielen. Wenn das Kind damit beschäftigt ist, in seinem träumenden Bewußtsein die mitgebrachten Geist-Inhalte in irdische Bilder zu gießen, die ein bestimmtes Spiel ihm bieten, muß sich dieser Prozeß ungestört vollziehen und beenden können. Werden die Bilder und Handlungen, die sich ihm eben boten, plötzlich durch andere verdrängt, dann wird der sich entwickelnde Prozeß unterbrochen, selbst dann, wenn diese neuen Bilder zufällig den gleichen Geistinhalt haben sollten. Beachtet man das nicht, so arbeitet man der Oberflächlichkeit in die Hand: dem Wechseln von einem Spiel zum anderen ohne wahre Vertiefung, und man degradiert das Spiel vom magischen Prozeß zum Amüsement. Wenn man nicht gerade eine besonders „zappelige" Gruppe Kinder hat, sollte man ruhig mehrmals, vielleicht sogar viele Tage hintereinander dasselbe Spiel spielen, wenn man dabei natürlich auch wieder auf die verschiedenen Temperamente der Kinder achten und sie vor jeglicher Übertreibung bewahren muß.

Auch die Anzahl der Spiele, die man den Kindern beibringt, ist wichtig. Eine gewisse Vielfalt der Spiele ist immer erwünscht; bringt man aber zuviel, so entsteht in der Seele, vor allem aber im Ätherleib des Kindes ein Wirrwarr, ein Durcheinander. So ist es ja auch beim Erzählen der Märchen sehr wichtig, ein bestimmtes Märchen, etwa jeden Tag einmal, eine ganze Woche hindurch zu erzählen — manche Kinder verlangen sogar noch viel länger danach![1]) Wie bei den Märchen wird also die Leiterin auch bei der Wahl der Spiele das ihrer Kindergruppe entsprechende richtige Verhältnis zwischen Wiederholung und Wechsel herausfinden müssen.

*

Und wie bei den Märchen finden wir auch bei den Spielen die Bevorzugung eines bestimmten Spieles von bestimmten Kindern. Diese Vorliebe für ein Spiel kann so groß sein, daß das Kind immer nur nach diesem einen Spiel verlangt. Und wie fast jedes Kind „sein" Lieblingsmärchen hat, wird es auch sein „Lieblingsspiel" haben.

Daß bestimmte Kinder bestimmte Märchen oder Spiele bevorzugen, ist ein sehr interessantes und auch zugleich wichtiges Moment. Jedes Märchen und jedes Spiel bringt ja doch *seine* bestimmten Geistmotive und drückt sie in *seinen* Bildern aus. Das Spiel tut das außerdem noch in seinen Handlungen und seinen musikalischen Elementen. Und da jede Seele ihre eigenen Entwicklungsbesonderheiten hat, ist zu verstehen, daß jedes Kind seine eigene Vorliebe für ein oder einige bestimmte Märchen oder Spiele hat und das auch deutlich bekundet.

---

[1]) „Kinderwelt — Märchenwelt": „Sollen wir viele Märchen erzählen?" Seite 98.

Im allgemeinen wird es seine Vorliebe natürlich für die Spiele und Märchen bekunden, bei denen seine Seele eine gewisse Verwandtschaft mit ihren eigenen Geborgenheiten, d. h. mit den in ihr selbst verborgenen, schlummernden Inhalten, Eigenschaften und Aufgaben, sowie ihrem eigenen Charakter antrifft. Das „Lieblingsspiel" oder -märchen ist jenes, das deutlich darstellt, was das Kind in sich trägt. Da aber nur beim Vorhandensein einer solchen Verwandtschaft oder Relation eine gewisse Wirkung von dem Spiel oder Märchen auf das Kind ausgehen kann (auch hier wirkt nur „Gleiches" auf „Gleiches"), wird es wiederum gut sein, soweit das bei einer Kleinkindergruppe möglich ist, diesen persönlichen Wünschen zu entsprechen.

Es wird nicht immer leicht sein, einen solchen besonderen Wunsch eines Kindes zu erfüllen, ohne den Wunsch eines anderen dabei zukurzkommen zu lassen. Außerdem wird man sich in manchen Fällen zu fragen haben, ob diese Vorliebe wirklich einem echten Bedürfnis entspringt oder nicht etwa aus irgend einem anderen Grunde so auffallend gezeigt wird. Doch wird man im allgemeinen bei gesundem Verhalten des Kindes darauf vertrauen können, daß ein Kind dieses Märchen oder Spiel bevorzugt, weil es seiner Seelenkonstitution am meisten entspricht und ihm also den besten „Hafen" für seine „Seelenlandung" bietet.

Gerade jene Seelen, die im Leben später eine wichtige Rolle zu erfüllen haben werden, sind oft ganz besonders durchdrungen von den *Aufgaben*, die ihnen in der Geisteswelt für das bevorstehende Erdenleben aufgetragen wurden. Dasjenige, was sie intuitiv suchen und was sie am meisten fesselt, sind die Verrichtungen, Worte und Bilder, die sie an diese Aufgabe „*erinnern*", die ihnen also die beste Verkörperungsmöglichkeit für die mitgebrachten Impulse bieten. Die Voraussetzung für die spätere Verwirklichung der im Kinde verborgenen karmischen Aufgaben ist auch hier wieder die verständnisvolle Leitung der Kindergärtnerin, wie auch der Eltern bei allem, was mit dem Kinde daheim oder im Kindergarten geschieht — nicht zuletzt bei der Wahl und Gewährung der von den Kindern so innig ersehnten Märchen und Kinderspiele.

Das Element der Wiederholung tritt aber in sehr vielen Spielen auch als ein sehr wesentlicher Faktor im Spiel selbst auf. Wir meinen hier die *variierte* Wiederholung, z. B. eines Refrains oder einer bestimmten Textstelle, die eine gewisse funktionelle Entwicklung bewirkt. Beispielsweise die aufeinanderfolgenden Verrichtungen der „Waschfrauen", oder die verschiedenen, in der Wiederholung sich weiterentwickelnden Gebärden im „Siebensprung".

Die variierte, in Metamorphosen sich vollziehende Wiederholung, ist jedoch gerade das, was die Lebensader der großen Welt- und Menschheitsentwicklung ist. Jede dieser Entwicklungsphasen wiederholt alle vorigen in metamorphosierter Form und baut auf ihnen weiter. So trägt auch das tiefere Seelenwesen des Kindes außer den eigenen Entwicklungsrhythmen auch die der großen Weltentwicklung in sich variierenden, metamorphosierenden Rhythmen noch in sich und erlebt sie jetzt im Bilde der rhythmischen Variationen des Spieles träumend von neuem. Der Herzschlag seiner eigenen Menschwerdung und seines Lebens auf der Erde pulsiert bei den Geschehnissen des Spieles auf seinem Seelenhintergrunde mit den großen Geschehnissen der Welt. Wie sollte sich also das Kind, mag es bei den Spielen mittun oder nicht, außerhalb des Elementes der rhythmischen Wiederholung stellen wollen oder stellen können, solange noch die Weltenrhythmen durch es hindurchpulsieren?

VI. Einige Beispiele der drei Hauptspieltypen

Kreis-Spiele — Gegenüber-Spiele — Zugspiele

Wir beginnen mit dem Spieltyp, der unserem Gefühl nach am stärksten dem „VATER-Element" entspricht und uns daher ganz besonders geeignet scheint für die Kleinsten der Kleinen: das *Kreisspiel*. Obwohl es gerade dieser Typ ist, der unter den Kinderspielen am meisten vertreten ist, ist nicht anzunehmen, daß diese Spielform als ausgesprochenes *Kinder*spiel entstanden sein muß. Viel eher darf vermutet werden, daß sie ursprünglich aus jener Zeitepoche stammt, in der die Menschheit noch nicht ihr volles Ich-Bewußtsein erlangt hatte und gewissermaßen noch in einer Art von kindlichem oder auch „imaginierendem" Träumen lebte, und ihre Bewußtseinsstufe noch eine gewisse Verwandtschaft mit dem bildhaften Erleben des Kleinkindes zeigte. In meinem Buch „Kinderwelt — Märchenwelt" wurde dieses Thema ausführlich im Zusammenhang mit den Märchen besprochen.

Kreisspiele

Ein besonders schönes und beliebtes Kreisspiel ist das ebenfalls aus Holland stammende „Sacktüchlein legen", das — wiederum in einer etwas irdischeren Form — in Deutschland bekannt ist als das „Plumpsack-Spiel".

Im holländischen Text heißt es da:

> Sacktüchlein legen — niemandem sagen,
> Hab die ganze Nacht gewacht,
> Zwei Paar Schuh' hab ich fertig gemacht.
> Eines aus Stoff und eines aus Leder,
> Hier leg ich mein Sacktüchlein nieder.

Sich an den Händen fassend, bilden die Kinder zusammen mit der Leiterin einen Kreis und bleiben so stehen. Dann wird der Vers gemeinsam gesungen, während ein Kind, am besten ein etwas älteres, mit dem Sacktüchlein in der Hand außen um den Kreis herumläuft, möglichst unbemerkt hinter einem der Kinder das Tuch niederlegt und dann weiterläuft. Hat das betreffende Kind aber das Tuch hinter sich entdeckt, so muß es es aufnehmen und rasch hinter dem anderen Kind herlaufen und versuchen, es auf den Rücken zu tippen. Wenn es diesem Kinde aber gelingt, vor dem Berührtwerden den nun freigewordenen Platz im Kreis zu erreichen und sich wieder in ihn einzufügen, dann muß das andere Kind nun bei der Wiederholung mit dem Tuch außen herumlaufen. Viele Male, eigentlich so lange, bis jedes Kind im Kreis einmal das Sacktüchlein herumtragen mußte, kann das Spiel wiederholt werden.

Obwohl dieses Spiel dem bereits erwähnten „Muß wandern..." verwandt ist, besagt sein Inhalt doch wieder etwas ganz anderes. Im ersten Spiel wird durch das „Herumschweifen" das suchende „Umherwandern" der Seele vor der Geburt zum Ausdruck gebracht. Hier beim Sacktüchlein-Spiel wird nicht vom vorgeburtlichen Suchen der Seele erzählt, sondern es wird als *Tat* ausgeführt, wird bildlich dargestellt. Hier wird auch viel deutlicher auf das Suchen nach dem *richtigen Ort*, an dem sich die Seele auf der Erde niederlassen muß, hingewiesen. Das Kind läuft um den Kreis herum, überlegend, bei welchem Spielkamerad (die vorgeburtliche Frage: bei welcher Familie, in welchem Milieu) es seine (Geistes-)Gaben unterbringen soll.

Aber was hat das mit dem „Sacktüchlein" zu tun? Das ist doch ein sehr prosaisches Ding! Was will es hier sagen?

Prosaisch ist es allerdings. Aber es ist auch, und eben darum geht es hier, etwas Leichtes und „Reines", das unseren Atem in sich aufnimmt. Daß es etwas Alltägliches ist, wird von dem Kinde nicht als etwas Negatives empfunden; aber weil es luftig und rein ist, und unseren Atem in sich aufnimmt, kann es als Bild zu uns sprechen. Von alters her hat man den Atem mit der Seele und auch mit dem Geist in Zusammenhang gebracht. Gott blies Adam den Lebensatem ein, der zugleich Geistesatem war. Und heißt es nicht in Übereinstimmung damit: „Er tat seinen letzten Atemzug, — er gab seinen Geist auf..."; im Griechischen bedeutet „pneuma" sowohl Geist wie Atem. So verstehen wir, daß das so alltägliche Sacktüchlein als irdisches Bild des Seelenwesens oder auch des Geistes selbst dienen darf.

Das Kind (das zur Erdenwelt Zugang suchende Seelenwesen des Menschen) ist erfüllt von der Aufgabe, der Seele die richtige Wohnstatt zu geben, und so beginnt das Spiel mit dem Legen des Sacktüchleins auf diese Aufgabe hinzuweisen. „Berge" und „Täler" werden hier nicht erwähnt, doch es wird hier jetzt nachdrücklich hingewiesen auf die Intimität, auf die stille Verborgenheit, in der diese Dinge sich abspielen und sich wohl auch abspielen müssen: „— niemandem sagen...".

Dann wird die intensive Geistesarbeit, die das Seelenwesen in der vorgeburtlichen Welt für die Vorbereitung des künftigen Erdenlebens zu leisten hatte, besungen: „Hab' die ganze Nacht gewacht, zwei Paar Schuh' hab ich fertiggemacht..." Die sich inkarnierende Seele muß sich für das Erdenleben fest „beschuhen". Wie der Bauer, der auf den Acker geht, sich hohe Gummistiefel anzieht, und wie im Kalewala-Epos der junge Lemminkainen, der das Feld umpflügen muß, besonders feste Beinbedeckungen anlegen muß wegen der Schlangen, die sich dort aufhalten, so muß jede Menschenseele, die die Erde betritt, ihre Beziehung zu den dort herrschenden harten, gefährlichen, mitunter sogar verwundenden Verhältnissen gut vorbereiten: sie muß sich festes „Schuhwerk" schaffen, um den Gang durch das irdische Arbeits- und Aufgabengebiet erfolgreich bestehen zu können.

Im Spiel hat die Seele jedoch *zwei* Paar Schuhe gemacht: eines aus Stoff und eines aus Leder, d. h. eines für die leichteren und eines für die schweren Wege durchs Erdenleben, die uns nun doch wieder erinnern an die „Berge und Täler", an das Helle und Dunkle im vorigen Spiel. Die leichten und die schweren, festen Schuhe, die die Seele vor der Geburt anfertigt, bringen zum Ausdruck, wie sie aus ihrem „hellen" und „dunklen" Karma das Konzept ihres Lebensweges gestaltet.

Und schließlich hat die „suchende Seele" den Ort, d. h. das Land, die Volksgemeinschaft, die Familie gefunden, wo sie ihr „Atem-Element", ihr „Sacktüchlein" unterbringen wird.

*

Als nächstes wählen wir nun ein nicht weniger interessantes, jedoch völlig anders geartetes Kreisspiel: das Spiel vom „Siebensprung".

Die Kinder laufen Hand in Hand im Kreise und singen:
> Könnt ihr nicht die Siebensprünge?
> Könnt ihr sie nicht tanzen?
> Da ist mancher Edelmann,
> Der die Siebensprüng' nicht kann.
> Ich kann se, ich kann se... usw.

Die Hände loslassend und am Platz stehend wird dann von allen zusammen eine bestimmte Gebärde ausgeführt:

's ist einer ...

Dann wird wieder im Kreis gelaufen und dabei der Eingangsvers gesungen. Und nun werden zwei aufeinanderfolgende Gebärden ausgeführt, wobei die erste wiederholt und eine neue hinzugefügt wird.

's ist einer,
sind zweie ...

So fortfahrend, sind es schließlich sieben Gebärden, die im einzelnen jede mit einem kleinen Sprung beginnt. Und so heißt es am Schluß:

... sind sieben!

Jede dieser Gebärden ist eine Fortsetzung der vorigen, und zwar in dem Sinn, daß die Kinder sich bei jedem „Sprung" etwas mehr niederbeugen, gewissermaßen sich zusammenkrümmen, bis sie bei der siebenten Gebärde fast die Erde berühren. Dann springen sie aus dieser gekrümmten Haltung mit einem Sprung hoch — und das Spiel beginnt von neuem.

Im Altertum erlebte der Mensch noch den *Charakter* der verschiedenen Zahlen. Dem Ägypter war die Eins die größte Zahl. Die Einheit war ihm die alles umfassende Ur-Einheit, aus der erst durch Teilung und Differenzierung die Vielheit entstand. Der Eins, als Zahl der Unteilbarkeit, stellte er die teilbare Zwei gegenüber, wobei er der *Eins* einen „männlichen", der *Zwei* einen weiblichen Charakter zuschrieb. Es sahen also die Ägypter und andere Völker jede Zahl gewissermaßen als ein selbständiges Wesen. Ohne nun hier auf alle übrigen Zahlen einzugehen, können wir von der *Sieben* sagen, daß sie überall dort eine Rolle spielt, wo man es mit dem *Zeit*-Element zu tun hat, wo von einer gewissen *Entwicklung*, sowohl im Großen wie im Kleinen, die Rede ist. Die gesamte Entwicklung unserer Erdenwelt, die in der Bibel (Genesis) als in *sieben* Tagen geschaffen dargestellt wird, vollzieht sich geisteswissenschaftlich gesehen in *sieben* großen planetarischen Phasen[1]). Die Woche, die im Zusammenhang mit der Weltschöpfung ebenfalls einen planetarischen Aufbau erkennen läßt, hat *sieben* Tage; und so ließen sich noch viele andere Beispiele aufzählen.

Da nun das Spiel vom Siebensprung auf seine Weise auch eine Entwicklung zum Ausdruck bringt, ist es nicht verwunderlich, daß auch hier wieder die Zahl Sieben auftaucht. Die siebenphasige Entwicklung wird hier als „Sprung" dargestellt, als ein „Siebensprung", der zugleich ein „Tanzen" ist. Aber es ist ein besonderes, kein alltägliches Tanzen, denn: „da ist mancher Edelmann, der die Siebensprüng' nicht

---

[1]) Rudolf Steiner: „Die Geheimwissenschaft im Umriß".

kann". Es ist der „Siebensprung der Weltschöpfung", der uns überall in der Welt begegnet.

Ohne auf Details einzugehen, bleibt zu sagen, daß ein Sichzusammenballen und Wieder-Entfalten auch in der Weltrevolution wiederholt und auf viele Weise variiert festzustellen ist. Unsere gegenwärtige Erdenentwicklung führt zu einem tieferen Absinken aus dem Geistigen (und somit zu einem stärkeren geistigen „Zusammenkrümmen" oder „Zusammenschrumpfen"), als das in früheren Entwicklungsperioden der Fall war; aber aus dem Tiefpunkt, an dem wir uns jetzt befinden, wird einmal wieder eine Erhebung zum Geist folgen müssen. Das Spiel vom „Siebensprung" drückt das aus in dem freudigen Sprung des Sich-wieder-Aufrichtens, des Sich-Entfaltens.

Ein anderes aus Holland stammendes und zugleich sehr bedeutungsvolles Kreisspiel ist das vom *Spiegelein*. Die Kinder bilden stehend einen Kreis, in dem ein Kind innen entlangläuft. Es trägt an einem Kettchen oder Faden einen kleinen Gegenstand auf der Brust, der einen kleinen Spiegel vorstellen soll. Doch sollte dazu kein richtiger Spiegel verwendet werden, damit dem Kind nicht die Möglichkeit genommen wird, das Ersatz-Spiegelchen in seiner Phantasie zu einem richtigen Spiegel umzuschaffen. Die Kinder singen alle zusammen:

Ich hab ein schönes Spiegelein gefunden,
Ich hab mir's auf mein Herze gebunden.
    Kehr dich um, kehr dich um —
    Und wer kehrt sich da um?

Bei diesen Worten wählt das herumgehende Kind ein anderes Kind aus dem Kreis und hängt diesem das „Spiegelein" um. Dabei wendet sich dieses halb herum, wodurch es jetzt mit dem Gesicht zur Außenseite des Kreises steht. Nun wird gesungen:

Lieb Ännchen hat sich umgekehrt, (Name des jeweiligen Kindes)
    Das hat sein Schwesterchen ihm gelehrt.

Nachdem das zweite Kind mit dem ersten den Platz gewechselt hat und sich in die Mitte des Kreises stellt, läuft der ganze Kreis herum und singt den Schluß:

Kehr dich um, kehr dich um.
    Und Ännchen kehrt sich um!

Wenn dann der Kreis wieder stillsteht, wird ein neues Kind für das „Spiegelein" gewählt und das Spiel beginnt von neuem.

Der Spiegel, ein Gegenstand, der im täglichen Leben allen möglichen Zwecken dient, läßt im Spiel eine sehr wichtige Seelenfunktion erkennen. Ja, wir können sogar von einer Seelen-*Aufgabe* sprechen, und wir werden sehen, wie diese Aufgabe in der Bildersprache des

Spieles ihren Ausdruck findet. Jede Seele, die zur Erde niedersteigt, ist erfüllt von der Aufgabe, Selbsterkenntnis zu erlangen und um diese zu erreichen, muß sie sich in den Erlebnissen und Erfahrungen „spiegeln", die sich ihr auftun. Nicht nur, daß sie ihre guten und weniger guten Eigenschaften kennenlernen muß, sie muß auch die großen in ihr verborgenen Impulse wiedererkennen lernen. Es ist der bereits erwähnte Karmastrom, der den persönlichen Entwicklungsweg kennzeichnet, und dem jeder Mensch beim tieferen Erforschen seines eigenen Wesens ein fragendes Interesse entgegenbringen muß. Die dritte und größte Form der zu erwerbenden Selbsterkenntnis ist die Entdeckung und die immer tiefere Ergründung des überpersönlichen Mensch-Seins, an der jeder Mensch teilhat. Es ist das Suchen des großen, vom persönlichen Bewußtsein durchdrungene, im Christus lebende „Wir", im Gegensatz zum zweigliedrigen: dem kleineren und dem größeren eigenen „Ich". Und es ist die Aufgabe eines jeden Menschen, diese höchste Form der Menschen-Selbsterkenntnis zu erreichen.

Wir können diese drei großen Formen der Selbsterkenntnis vorläufig einzig und allein nur dadurch realisieren, daß wir alles, was wir tun und getan haben, und alles, was uns begegnet und bereits begegnet ist und (in dritter Instanz) alles, was in der Welt geschieht und geschehen ist, sich in uns selbst „widerspiegeln". Nur so können wir die Ergründung des eigenen Wesens und das der Mitmenschen in uns vornehmen. Es muß uns im Großen wie im Kleinen eine Realität werden, wenn wir sagen: „Ich hab ein schönes Spiegelein gefunden, ich hab mir's auf mein Herze gebunden ...."; wir müssen uns diese Offenbarungen wirklich „aufs Herz binden", müssen sie uns „zu Herzen nehmen". Dann erst kommt es zu der großen Umkehr *in uns*. Die Umkehr vom Schein zur Wirklichkeit im Hinblick auf uns selbst und auf die ganze Welt, die Nietzsche „die Umwertung aller Dinge" nannte. Dann lernen wir alles in der Welt und auch uns selbst in seiner wahren, tieferen Bedeutung sehen.

Die Worte Johannes des Täufers: „Tut Buße! Das Himmelreich ist nahe herbeigekommen." (Matth. III, 2) besagen nichts anderes als „Ändert eure Seelenhaltung!" Das Sich-Bekehren, das Johannes von den Menschen erwartet, ist ja nicht ein Hinüberwechseln von einem Glauben zu einem anderen oder von der Götterverehrung zur Christusverehrung, wie vielleicht angenommen werden könnte, sondern es ist das Sich-*Hinwenden* zum tiefsten Urgrund aller Dinge, ist nicht ein plötzliches Glauben an andere Dinge, sondern eine zu tiefst als notwendig erkannte „Änderung der Seelenhaltung", eine *Umkehr der*

Seele vom irdischen Schein zur innersten geistigen Wirklichkeit, durch die es erst möglich wird, den Christus zu erkennen.

Jede Menschenseele (hier: jedes Kind im Kreis), die sich das „Spiegelein" erwirbt, vollbringt diese schließlich weltumfassende Umkehr, dieses weltengroße „Kehr um!".

Wir müssen, wenn wir die Hintergründe der Kinderspiele sehen lernen wollen, die feinen Unterschiede, die in Wirklichkeit gewaltige Unterschiede sind, erkennen lernen und hierbei vor allem wieder vom Erleben des Kindes selbst ausgehen. Bei diesem Umkehren des Kindes im Spiel könnte vielleicht der Einwand gemacht werden, daß das Kleinkind ja ein Wesen ist, das noch sehr mit seiner vorgeburtlichen Welt verbunden ist und sich also bei diesem „Umkehren" ihr wieder zuwendet. Hier ist jedoch zu bedenken, daß die Umkehr (der Seele) im Spiel durch bewußt gewordene Spiegelung zustandekommt, denn es heißt ja im Text: „. . . .das hat sein Schwesterchen es gelehrt", was soviel besagt wie, daß dieses Sichumkehren-Können die Frucht ist einer auf der Erde durchgemachten oder durchzumachenden und auf die Zukunft gerichteten *Entwicklung,* und nicht ein der Vergangenheit zugewandtes, träumendes Zurückschauen. Das sich umwendende Kind wird, wenn es im Kreis alle anderen Spielkameraden und da auch seine Spieltante stehen sieht und sich in diese Gemeinschaft mit einbezogen weiß, diese Umwendung zum „Nichts" da draußen, außerhalb des Kreises am allerwenigsten als ein Zurückkehren zur göttlichen Geborgenheit empfinden, denn nun ist es ja auf der Erde zuhause und will, wie der kleine „Springer", sie sich erobern, und so wird es dieses Umwenden viel eher, wenn auch nur halbbewußt als eine kleine „Vertreibung aus dem Paradiese", als eine „Prüfung" empfinden. Es wird ein Gefühl des Auf-sich-selbst-angewiesenseins zur Folge haben, und bei einem schon etwas älteren Kinde der Gruppe bestimmt einen tieferen Eindruck hinterlassen, während ein jüngeres dieses Gefühl des plötzlichen „Verlassenseins" nur schwer ertragen könnte. Es wird also ratsam sein, dieses Spiel nur mit den größeren Kindern zu spielen.

Nun bleibt noch zu untersuchen, welche besondere Rolle das mit dem „Spiegelein" herumgehende Kind eigentlich spielt. Ist es nicht eine sehr große Rolle? Tut es nicht, was Johannes tat, wenn er den danach Verlangenden die Möglichkeit zur Umkehr wies, indem er sie zu Selbstkenntnis und Weltkenntnis ermahnte? Das im Kreis herumgehende Kind ist sich in seiner Unschuld dessen nicht bewußt; daß es aber einem anderen Kinde Gelegenheit geben kann, sich „umwenden" zu dürfen, kann von großer pädagogischer Bedeutung für es selber sein. Ist es nicht eigentlich so, daß alle Menschen, die „guten Willens" sind, die Aufgabe zu erfüllen haben, erst sich selbst, dann aber auch in Freundschaft und Ehrfurcht, und mit innerer Bescheidenheit sich gegenseitig zu dieser „Umkehr" zu verhelfen? So betrachtet, kann dieses so schlichte „Kehr dich um" des Spieles uns innerlich wie ein Leitmotiv durchs ganze Leben begleiten.

*

Nach den im Spiegelein-Spiel gegebenen so bedeutsamen Lebenshinweisen, die auf die Inkarnationsprozesse und -erlebnisse in den ersten beiden Spielen und die gewaltige Weltentwicklung im darauf besprochenen folgten, wollen wir unsere Aufmerksamkeit jetzt einem Spiel zuwenden, das uns erfrischt und labt, indem es die Natur zu uns sprechen läßt und uns erst später wieder mit einbezieht in ein großes Ganzes. Es ist das Kreisspiel vom *„Blauen Fingerhut"*, das so geht:

Blauer, blauer Fingerhut
steht der Jungfer gar so gut,
Jungfer, du mußt tanzen
in dem Blumenkranze!
Jungfer, du mußt stille stehn
und dich dreimal rundum drehn!
Jungfer, du mußt knien
und dir eine ziehen,
Von Weide, von Seide,
von lauter blauer Seide.

Die Kinder laufen singend im Kreis, während ein Kind, die „Jungfer", in der Mitte steht. Nach „— in dem Blumenkranze" steht der Kreis still und die Jungfer macht einige einfache Tanzschritte, die vorher festgelegt sein sollten, damit nicht durch Übertreibung oder Alberei der eigentliche Sinn des Spieles verloren geht. Dann muß die Jungfer stillstehen, muß sich dreimal „rundumdrehen" und dann aus dem Kreis ein anderes Kind wählen, vor dem sie niederkniet, wobei der Kreis singt:

Jungfer, du mußt knien
und dir eine ziehen.
Von Weide, von Seide,
von lauter blauer Seide.

Dann beginnt das Spiel von vorn mit dem gewählten Kind als „Jungfer" in der Mitte.

Dieses so anspruchslose kleine Spiel, das uns das Bild des Blütenkranzes vermittelt, führt uns also zuerst in die reine, von Seelen-

regungen noch freie Pflanzenwelt. Dann muß die mit dem Blumen-
kranz geschmückte Jungfer (die Seele) tanzen, muß wieder stille stehn
und sich dreimal herumdrehen. Sie muß eine andere Seele wählen und
vor ihr das Knie beugen, um alsdann dieser anderen den eigenen Platz
zu überlassen.

Zusammen mit dem Kind erleben wir hier den Übergang von der
reinen physisch-ätherischen Welt zur astralischen: dem vom Seelenleben erfüllten Tun und Lassen der Menschenwelt. Das „Tanzen",
wenn es noch mehr ein Hüpfen oder Springen ist und noch ohne Ich-
Bewußtsein geschieht, ist aber etwas, das auch ein Lämmchen oder
Kälbchen auf der Weide vollführen kann, was also noch nicht ein rein
menschliches Tun zu sein braucht. Das darauffolgende „Stillestehn"
kann nur ein mit Bewußtsein begabtes, menschliches Ich vollbringen.
Und nur dieses Ich kann dann durch die nun folgenden, ebenso bewußt ausgeführten drei Drehungen zur wahren menschlichen Emp-
findung kommen: erst zur Ehrfurcht: das Knien vor dem anderen
Menschen, dann zur Wahl des Partners oder Kameraden: der bewußte
Verzicht auf den Vorrangsplatz, den jeder im eigenen Herzen erst für
sich beansprucht, ihn nun aber dem anderen, dem Mitmenschen über-
läßt. Oder größer gesehen: das Zurückstehen des eigenen kleinen Ich
vor dem Menschheits-Ich, das sowohl im anderen, wie in uns selbst
lebt und das uns im tiefsten Sinne zum Christus führt.

So sehen wir in diesem Spiel die große, ansteigende Entwicklungs-
linie vom ätherischen über das astralische zum menschlichen Ich-
Bewußtsein und von da aus hinführend zur menschlichen Moral und
dem tief-christlichen Prinzip in uns: Nicht ich, sondern der Christus
in mir".

Und so finden wir gegenüber der vorher besprochenen „rhyth-
misch-getanzten" siebengliedrigen Welt- und Menschheitsentwicklung
im „Siebensprung", die gleiche Entwicklung von Welt und Mensch,
jetzt aber sich spiegelnd in den Naturreichen und im niederen und
höheren Menschen in uns, und schließlich aufsteigend zum Christus im
Menschenwesen.

*

Bevor wir die Kreisspiele verlassen, wollen wir uns noch kurz mit
einem beschäftigen, das einen sehr *zentralen Punkt* in der geistigen
Entwicklung des Menschen berührt. Es ist das so dramatische Spiel
„Mariechen saß auf einem Stein ...". Sein Inhalt ist allgemein so bekannt, daß wir ihn hier nicht mit seinen vielen Strophen anzuführen
brauchen. Wir wissen, daß „Mariechen" mitten im Kreis auf einem

„Stein sitzt" und weint. Auf die Frage der Mutter, warum es denn weine, antwortet es: „Ich weine, weil ich sterben muß . . ."

Wir spüren, daß auch hier wieder „Mariechen" die Menschenseele ist, die ihre Prüfungen im Erdenleben durchstehen und auch den „Tod", die Besiegung des eigenen niederen Ich erleben muß, bevor das höhere Ich in ihr erwachen kann. In diesem Spiel klingt sehr stark das „Dornröschen"-Motiv an, denn auch hier geht es um Tod und Auferstehung.

Erinnern wir uns jetzt noch einmal daran, wie das Spiel vom „Blauen Fingerhut" einen persönlichen Entwicklungsweg aufzeigte, der es uns Menschen möglich macht, ein „überpersönlicher Mitschöpfer" und Mitgestalter der Welt zu werden.

Doch das genügt noch nicht. Der Mensch muß dem Beispiel des Christus folgen und den Tod erleiden, der zur Auferstehung führt. Wenn die Seele zur Einkehr kommt, wenn sie die tiefe Finsternis, das Absterben der eigenen geistigen Entwicklungskräfte in sich wahrnimmt, muß sie aus diesem Sterben auferstehen zu einem neuen, jetzt der Menschheit geweihten Leben. Diese Seelen-Auferstehung der Einkehr und Umkehr ist es, die „Mariechen", die ihrem Wesen nach noch reine Menschenseele vollbringt.

Wir haben es hier also merkwürdigerweise mit einem Kreisspiel zu tun, das unserer Form-Einteilung nach zum VATER-Typ gerechnet werden muß, obwohl sein Inhalt ein Auferstehungsgeschehen schildert.

Es soll auch noch gesagt werden, daß wie bei allen Kinderspielen auch in diesem der große Schmerz, die schweren Prüfungen, die die Seele durchmacht bevor sie den inneren Tod erleidet und zur inneren Auferstehung gelangt, dem kleinen Kinde nur in andeutenden Bildern vermittelt werden, doch wird auch hier seine Seele in ihrem tief verborgenen, träumenden Bewußtsein sich mit einbezogen fühlen in das große Menschheitsleid, das das Erdenleben in sich schließt.

Dieses Menschheitsleid, diese Geist-Finsternis, die unsere Seelen zu töten, d. h. völlig vom Geist abzusondern droht, müssen wir alle durchstehen und jeder Mensch wird von sich aus die Auferstehung aus diesem Seelentode suchen müssen. Doch wer als kleines Kind diese Seelenkrisis und ihre Überwindung schon einmal „spielenderweise" durchgemacht und sie als Bild mitgestaltet hat, der wird, wenn später im Leben das innere Sterben Wirklichkeit zu werden droht, mit Hilfe seines aus der Geistwelt mitgebrachten Willensimpulses diese Bedrohung zu überstehen versuchen und ein neues Leben beginnen können.

Man muß bei diesem Spiel darauf achten, daß das „Töten" oder

„Sterben" nicht realistisch dargestellt werden darf. Eine solche Realistik entspricht weder dem Charakter noch der Redeweise des Spieles. Im Märchen vom „Rotkäppchen" wird auch nicht realistisch beschrieben, wie der Wolf das Kind mit seinen Zähnen greift und zerreißt. Es wird von dem Tier verschlungen: Rotkäppchen verschwindet einfach! Das ist die Sprache der Imagination.

Ebenso sollte man ruhig auch einmal einen kleinen Buben „Mariechen" sein lassen. Sie wollen das sogar gerne und finden nichts Ungewöhnliches dabei. Kinder dieses Alters haben noch kein klares Empfinden für Geschlechtsunterschiede, und so kann ein Knabe ebensogut „Mariechen" sein, wie in einem anderen Spiel vielleicht ein Mädchen ein „Prinz" oder „König" sein kann. Dadurch wird zugleich vermieden, daß die Traumwelt der Kinder verletzt wird, was bestimmt der Fall wäre, wenn das Spiel etwa begönne: „Das Karlchen saß auf einem Stein . . .".

Auch das Erwachen zu einem neuen Leben wird hier im Spiel wieder ganz unproblematisch dargestellt. „Mariechen" erwacht fröhlich und der ganze Kreis freut sich darüber und tanzt vergnügt um Mariechen herum. Das geschieht genauso einfach wie das Wiederherauskommen Rotkäppchens aus dem Bauch des Wolfes, und das imaginative Erleben des Kindes wird in hohem Maße aktiviert.

Alles zusammengefaßt, sehen wir hier so etwas wie ein „Kinder-Auferstehungsspiel", das mit seiner Dramatik, die man allgemein gesehen als nicht kindgemäß abweisen würde, gerade durch sein Appellieren an ein anderes als das alltägliche Begreifen, eine Basis schaffen kann für größere Möglichkeiten im späteren Leben, die richtungsweisend sind für die Umkehr zum Licht aus innerster Seelenfinsternis.

Zugleich wird deutlich, wie wichtig es ist, das diese durch Tod und Auferstehung führenden Bilder hier in der Umhüllung der *Vater*-Sphäre, d. h. in Form des *Kreis*spiels gegeben werden. Das noch so ganz und gar die *Erdenwelt* suchende Wesen des Kindes würde ohne diese Vaterhülle das — hinsichtlich seines jungen Lebens — noch in ferner Zukunft liegende Wieder-Auferstehen schwerlich begreifen können. Und wie das „Auferstehen" von Rotkäppchen und Schneewittchen durch die dort zwar nicht erwähnte oder angedeutete, in den echten Märchen jedoch immer gegenwärtige Vater-Sphäre getragen wird, so spielt hier der „Vater-Kreis" seine Rolle, damit das Prinzip des Sohnes zu der Kinderseele Zugang finden kann, wo es dann als Keim verborgen ruht, bis es in einer späteren Lebensepoche erwacht.

Obwohl sich noch unzählige Kreisspiele als Vorbilder anbieten, wollen wir jetzt zum zweiten Typ übergehen, der durch das im zuletzt besprochenen Spiel Dargestellte gewissermaßen schon vorbereitet wurde, und bei dem wir uns jetzt, das Kreis-Element verlassend, mehr dem ausgesprochenen *Rhythmus* zuwenden.

Gegenüber-Spiele

Nachdem wir in den Kreisspielen den Typ fanden, dem wir ihrer Form und ihres meist noch kosmischen Inhalts wegen den Vorzug gaben, wenn es sich um das Spielen der Kleinsten handelt, so kommen wir nun zu einer Art von Spielen, die außer ihren kräftigen Tat-Rhythmen, u. a. auch durch die mehr in den Vordergrund tretenden gegenseitig-menschlichen Verhältnisse, sich vornehmlich an die etwas größeren Kinder wenden. Denn erst diese können empfinden, wie Menschen sich ihren Mitmenschen *gegenüber* verhalten, wie sich im täglichen Leben die Beziehungen der Menschen untereinander meistens in gewissen „sozial" sich hin- und herbewegenden Rhythmen zu äußern pflegen; in Rhythmen von näherem Kontakt und weiterem Abstand, von Sprechen und Zuhören, von Frage und Antwort. Dieses rhythmische Hin-und-Her, das sich bereits im einfachsten Gespräch äußert, wird in diesem zweiten Spieltyp von den Kindern mittels Armen und Beinen zum Ausdruck gebracht, und zwar derart, daß sie — in zwei Gruppen aufeinander zugehend — Frage und Antwort, Frage und Gegenfrage oder Antwort und Gegenantwort einander überbringen.

Diese Spielform, die wir als „Gegenüber-Spiele" charakterisierten, die wir aber von der Bewegung aus gesehen auch Hin-und-Her Spiele nennen können, erweisen sich durch dieses rhythmisch-soziale Element als zum Wirkungsbereich dessen zugehörig, der der Beseeler aller im guten Sinne sich entwickelnden menschlichen Beziehungen ist: des CHRISTUS. Und so scheint uns berechtigt, diese Spielform als die des „SOHNES" zu charakterisieren.

Welche Rolle im besonderen der Christus im Rhythmus erfüllt und andererseits die Frage, wie das eigentliche Wesen des Rhythmus als dem Wirkungsbereich des Christus entstammend gesehen werden darf, werden wir im IX. Kapitel noch näher ausführen.

Die Gegenüber- oder Hin-und-Her-Spiele führen uns also aus dem gewissermaßen noch „kosmischen Kreis", aus der Sphäre des Kosmos hernieder zu den Menschen auf der Erde und verbinden sich ganz mit ihren verschieden-menschlichen, rhythmisch-wechselnden Verhältnissen, die sich hier unten — wenn auch noch mit vielen kosmischen Einflüssen — im christlichen Sinne entwickeln müssen.

Im Hinblick darauf, daß sich dieser Spieltyp — an dem man mitunter auch die Vierjährigen teilnehmen lassen kann, dann allerdings noch mehr im „träumenden" Mitmachen — eigentlich mehr für die größeren Kinder eignet, wollen wir hier nur einige wenige Beispiele besprechen.

Um zu zeigen, wie die Hin-und-Her-Spiele die rhythmisch sich abspielenden menschlichen Beziehungen zur Darstellung zu bringen vermögen, wählen wir als erstes das mehr in Norddeutschland bekannte „Es kommen zwei Herren aus Senivi (Ninive)", das im sich während des Spiels entwickelnden, sozusagen von den Beinen hin und her getragenen Dialog die wechselnden Kontaktbeziehungen, die tatsächlich ja jeden Dialog kennzeichnen, wiedergibt.

Bevor das Spiel beginnt, wird bestimmt, wer die beiden „Herren" und wer die „Königstochter" sein soll. Zuerst bilden nur diese beiden Herren die eine Reihe, während die andere von den übrigen Kindern, die die Königstochter in der Mitte mit sich führen, gebildet wird. Nun singen die beiden „Herren" die erste Strophe allein und gehen dabei auf die andere Reihe zu, um sich dann bei dem in jeder Strophe wiederkehrenden „Salvi donavi" wieder zurück an ihren Ausgangsplatz zu bewegen. Genauso wird dann beim Singen der zweiten Strophe von der anderen Reihe verfahren. Es wechseln sich also hin-und-hergehend beide Reihen ständig ab, bis schließlich die „Königstochter" zu den „Herren" hinüberwechselt und sich zwischen sie stellt. Bei der Wiederholung sind es dann *drei* Herren, die, um eine Königstochter zu holen, aus „Senivi" kommen.

Und *so* wechseln im Spiel Frage und Antwort mit einander ab:

1. Es kommen zwei Herren aus Senivi. — Salvi donavi.
2. Was wollen die Herren aus Senivi?   „
3. Sie wollen des Königs Tochter holen.   „
4. Was wollen sie mit des Königs Tochter?   „
5. Waschen und plätten soll sie lernen.   „
6. Waschen und plätten kann sie schon.   „
7. Dann soll sie kochen und backen lernen.   „
8. Kochen und backen kann sie schon.   „
9. Dann soll sie nähen und stricken lernen.   „
10. Nähen und stricken kann sie schon.   „
11. Dann soll sie unsere Königin werden.   „

Wir sehen, wie in diesem Spiel die aus der geistigen Welt stammende Seele (die Königstochter) einer Reihe von Fragen unterworfen wird, die die „Herren aus Senivi" ihr stellen, bevor sie ihre „Königin" werden kann. Wer aber sind die Herren aus Senivi? Sollte es sich dabei nicht um die bereits höher entwickelten Seelen-Qualitäten handeln, die, zusammengefaßt zu einer Einheit, Rudolf Steiner die „Bewußtseinsseele" nennt? Bevor die Königstochter-Menschenseele Königin im Reiche der Bewußtseinsseele werden kann, muß sie etwas „gelernt" haben, muß nachweisen können, daß sie tatkräftig und allen Anforderungen des Erdenlebens gewachsen ist, die erworbenen Fähigkeiten sinnvoll anzuwenden versteht. So ausgerüstet, kann sie den Ansprüchen der Bewußtseinsseele genügen, kann „Königin" werden. Alle diese irdischen Tätigkeiten wie nähen, kochen, waschen usw. sind ja auch wieder Bilder für geistige Fähigkeiten, wie wir das schon angedeutet haben in dem Bilde des Aneinander*reihens* logischer Gedanken. Und ist nicht z. B. das Nähenkönnen ein Bild für das „Stich" um „Stich" Nebeneinander- oder Aneinanderfügen von Worten zu ganzen Sätzen, und entsteht nicht auf diese Weise alles Gesprochene und Geschriebene, das einfache ebenso wie das erhabenste? Und müssen nicht alle Pläne, alle Beschlüsse erst einmal „gar-gekocht" werden, bevor sie verwirklicht und ausgeführt werden können? Wie vieles muß gesäubert, muß sauber „gewaschen" sein, damit es keine „Flekken" auf der Seele oder im menschlichen Zusammensein hinterläßt. So und ähnlich ist es mit allen diesen Fähigkeiten, die nicht nur ganz real im Alltagsleben erworben und beherrscht werden müssen, sondern auch im Gebiet des Seelisch-Geistigen von tiefster Bedeutung sind. So läßt u. a. dieses Spiel auch erkennen, daß das Kind jetzt die Aufgabe hat, sich intensiver als bisher mit der Erde und ihren Anforderungen zu verbinden.

Ein der Spielweise dem vorigen verwandtes, dem Inhalt nach aber noch mehr kosmisch orientiertes Spiel ist das holländische „Wir kommen aus fernen Landen", das hier eben wegen seines Übergangscharakters — dem Übergang von der kosmischen zur irdischen Welt — angeführt wird.

Wieder stehen sich die Kinder in zwei Reihen gegenüber, gehen aufeinanderzu und wieder zurück, wobei abwechselnd folgender (frei übersetzter) Text gesungen wird:

1. Wir kommen aus fernen Landen,
   Margo, margo, margocheltje,
   Wir kommen aus fernen Landen,
   Margocheltje.

2. Was habt ihr für uns mitgebracht?
  Margo, margo, margocheltje ... usw.
3. 'nen Korb voll goldner Rosen ... usw.
4. Wer soll den Korb denn haben? ... usw.
5. Er soll für meine Liebste sein ... usw.
6. Wer soll denn deine Liebste sein? ... usw.
7. Es soll sein, es soll sein, es soll unsre Antje sein.

(Auch hier kann es ruhig einmal ein „Hänschen" oder „Peter" sein, der im Spiel die „Liebste" ist).

Daß der Text plötzlich von der Wir-Form zur Ich-Form übergeht, stört die Kinder nicht. Daß das „Wir" am Beginn und im späteren Spielverlauf das „Ich" einen besonderen Sinn haben, soll gleich noch näher erläutert werden.

Gleich die erste Zeile sagt es deutlich, daß die Seele des kleinen Kindes „aus fernen Landen kommt" ... Die anderen Kinder (hier die zweite Gruppe, die jeweils die Fragen stellt), die schon auf der Erde seßhaft geworden sind und mit ihnen wir Erwachsenen, können an das Kind nun unsere Fragen richten, und es ist besonders die erste Frage, die wir ihm gegenüber auch wirklich innerlich empfinden: „Was hast du für uns mitgebracht?". Es ist die Frage, von der jeder Erwachsene jedem kleinen Kinde gegenüber erfüllt sein sollte: Welche Reichtümer hast du mitbekommen? Die Seele des Kindes kann hierauf wahrheitsgemäß antworten: „Einen Korb voll goldner Rosen", was ja besagen soll, daß es große Geistesschätze mit sich führt. Nun fragen wir weiter: „Wer soll den Korb denn haben?" und die Seele antwortet: „Er soll für meine Liebste sein!"

Wer oder was ist die „Liebste" des Kleinkindes? Es selbst weiß in seinem Erdenbewußtsein noch nicht, daß seine Gaben für die ganze Menschheit bestimmt sind. Die aus dem Himmel kommende Seele hat ihre kosmische Habe der „Erdenmenschheit" zu schenken, jedem Menschen, den das Schicksal ihr begegnen läßt und in dessen Person sich ihm „die Menschheit" repräsentiert. Die „Liebste" ist *der* andere Mensch, den sie in jedem sieht, der ihr begegnet und der sein Herz diesem himmlischen Geschenk öffnen kann und sollte.

Wir haben hier ein Spiel, das wir nicht nur seiner Form nach, sondern auch in seinen helfend-segensreichen menschlichen Beziehungen als durch und durch christlich empfinden können, das aber seiner Stimmung und Bildsprache nach vorwiegend als zum VATER-Niveau des Kleinkindes gehörend anzusehen ist. Auch darin beweist es seinen Übergangs-Charakter. —

Typisch für den Übergang vom Kreisspiel zu der zweiten Spielform

ist der damit in der Musik auftretende Wechsel vom binären Takt
- $\frac{2}{4}$ und $\frac{4}{4}$ - zum mehr zyklisch orientierten $\frac{6}{8}$-Takt. Dieser Rhythmus-
Unterschied, der sehr häufig zwischen zwei Spieltypen zu beobachten
ist, weist einige Merkwürdigkeiten auf.

Daß das kleine Kind beim langsamen Erwachen seines *aktiven*
Rhythmusgefühls zuerst zu den binären Taktarten Zugang findet, ist
vor allem physisch begründet durch das Verhältnis 4 : 1 von Herzschlag zu Atemholung: es kommen vier Herzschläge auf einen Atemzug, — ist aber auch vom Laufen her, dem sich mit *zwei* Beinen Fort-
bewegen, zu begreifen. Wenn dann das Kleinkind schon sicher läuft
und fester aufzutreten beginnt, muß — das versteht sich von selbst —
der zweigliedrige Rhythmus der Beine, der dabei erobert werden
muß, vorherrschend sein. Da jedoch diese zweigliedrige Taktart leicht
dazu verführt, übers Ziel hinauszuschießen, d. h. ein bißchen zu ver-
gröbern oder betont wuchtiger aufzutreten (z. B. in dem Spiel „Es
ging ein Bauer ins Holz" oder „In Holland steht ein Haus"), wird es
gut sein, auch schon den Kleinsten zuliebe, das Spiel im ruhigen
Gehen, also im gemäßigten Takt spielen zu lassen, und im übrigen
daran zu denken, daß alle diese Spiele eigentlich für das sechs- bis
achtjährige Kind gedacht sind.

Von den dreigliedrigen Taktarten könnte man sagen, daß sie durch
ihren zyklischen Grundcharakter eher zum Tanzen als zum Laufen
auffordern. Das kann einen fröhlichen oder leichten Einschlag geben,
was dann jedoch wieder zum Extrem in *dieser* Richtung führen kann.

In diesem Zusammenhang ist interessant, wie die dreigliedrigen
Taktformen, — besonders aber der $\frac{6}{8}$-Takt, — die das Kind von
sich aus selten früher als vom fünften Jahr ab aktiv äußern kann, es
auch wieder gerade in seinem frühesten Lebensabschnitt, also noch
lange, bevor es die binären Taktarten kennenlernt, schon umgeben
haben in den Wiegen- und Schoßliedchen. Es ist, als hätte die frühere
Menschheit empfunden, wie das mit seiner Seele noch im Kosmos wei-
lende kleine Kind noch nicht von irdischen, d. h. irdisch-schreitenden,
sondern von den, mit den Sternen den Himmel umkreisenden Rhythmen umgeben sein sollte. Daher sind wohl auch die Wiegenlieder fast
ausnahmslos im zyklischen $\frac{6}{8}$-Takt geschrieben. Später, also für die
Zeit zwischen dem 2. und 3. Lebensjahr ließe sich dazu vielleicht
sagen: eben weil auch das Kleinkind noch in so starkem Maße vom
zyklischen (kosmischen) Prinzip *getragen* wird, ist es noch nicht fähig,
dieses Element schon aktiv mittels seiner Beine auszudrücken. Wie
könnte das Kind das, von dem es getragen wird, selber auf die Erde
stellen? Wer kann das Bett tragen, in dem er selber liegt?

Das muß nicht nur physisch gesehen werden, sondern auch psychisch. Denn: nicht nur der Körper, auch die Seele eines noch so kleinen Kindes ist nicht imstande, den es noch tragend-umhüllenden zyklischen Rhythmus aus sich herauszusetzen.

Das Zuzweit-Laufen im $\frac{6}{8}$-Takt bedingt an sich schon etwas langsamere Schritte und so geschieht das Laufen auf diesen Takt auch schon ruhiger, was besonders den Kleinen zugute kommt. Nicht, weil sie diese langsameren Schritte wirklich mitmachen können, sondern weil sie noch nicht im eigentlichen Rhythmus mitlaufen, und man ihnen die Möglichkeit, auf ihre Weise mitzutrippeln, unbedingt lassen muß. Durch diese Verlangsamung kommt mehr Ruhe in das Spiel, und so werden die Kinder, indem sie sich noch nicht selbst rhythmisch äußern müssen, von diesem zyklischen Rhythmus mehr oder weniger *noch getragen,* wie er sie als Säuglinge trug im Wiegenlied. — In älteren Zeiten, als man noch instinktiv den aufbauenden Einfluß des ein Kind umhüllenden Rhythmus empfand, schaukelte man das Kind behutsam in der Wiege. Dieses Schaukeln war einerseits ein Hin-und-Her, andererseits aber auch wieder eine mehr oder weniger zyklisch-rhythmische, d. h. rund-schwingende Bewegung. Heute schaukelt man die Wiegenkinder nicht mehr, dafür zwingt man das Kind schon als Säugling, zwar nicht auf zwei Beinen, aber doch auf vier Füßen, nämlich den vier Füßen seines Bettchens fest auf der Erde zu stehen! Zum Glück sind die zyklischen Wiegenlieder noch nicht ganz verdrängt worden und so pflegt noch manche Mutter ihr Kindlein auf den Schoß zu nehmen und es mit „Eia popeia..." hin und her zu wiegen, oder, wenn es etwas größer ist, mit dem schon etwas robusteren „So reiten die Herren..." rhythmisch zu umhüllen. — Nach der Phase der Wiegen- und Schoßlieder wird man das nun größere Kleinkind, auf seine kindliche Weise, auch an den ersten kleinen Spielen teilnehmen lassen können.

Merkwürdig ist, daß das mehr oder weniger noch kosmische Kreisspiel mit seiner oft auch noch kreisenden Bewegung meistens die „geradlinige", binäre Laufweise - $\frac{2}{4}$ und $\frac{4}{4}$ - aufweist, wonach dann im geradlinigen Gegenüberspiel wieder der kreisende $\frac{6}{8}$-Takt auftritt. Also: beim Kreisspiel der geradlinige, beim geradlinigen Spiel der Kreis, der „Zyklus". — Es geht hier nämlich um die Frage: was trägt das kleine Kind in sich und was vermag es aus sich herauszusetzen? Beides kann oftmals sehr entgegengesetzt sein.

Bezüglich des zyklischen Rhythmus' ließe sich das vielleicht folgendermaßen erklären: Ein Säugling, dessen Bewußtsein noch kosmisch-träumend ist, kann unmöglich Walzertanzen lernen, sobald aber nach einigen Jahren sein Bewußtsein kosmos-frei ist, wird sein Denken „geradlinig", d. h. dem Charakter nach irdisch, und nun können seine Beine lernen, Walzer zu tanzen.

Größer gesagt: das sich zum Rhythmus Gedrängtfühlen des Menschen, das wir im *Zeitgeschehen* wahrnahmen als den durch unsere Seele pulsierenden Herzschlag der Welt- und Menschheitsentwicklung, verstehen wir jetzt in einem mehr kosmisch-räumlichen Sinne als ein Durchwalltsein von den Sternenrhythmen, von denen die Seele des Wiegenkindes noch umgeben und durchdrungen ist, und die uns dann auf der Erde begegnen in dem rhythmischen Wechsel von Tag und Nacht, Ebbe und Flut, im zyklischen Gang der Jahreszeiten. Der Rhythmus dieser Weltgeschehnisse, von dem auf verborgene Weise das Wesen des Säuglings und das des ein- bis zweijährigen Kindes noch *wiegend* getragen wird, aus dem sich dann später die Seele größtenteils herauslöst, um „auf eigenen Füßen zu stehen", dieser selbe Rhythmus golft doch noch ätherisch-körperlich durch den erwachsenen Menschen, ohne daß er zu sagen weiß, woher er kommt.

Das von CHRISTUS erfüllte rhythmische Prinzip, das in der Beziehung von Menschenseele zu Menschenseele lebt, und das auch das Wesen der Gegenüber-Spiele ausmacht, kann sich schon in einem einfachen Gespräch, im gegenseitigen Sprechen und Zuhören, im beseelten Schenken und dankbaren Empfangen äußern. Dieses christlich-rhythmische Element *verbindet* die Menschen miteinander. Und das ist der Grund, warum die Hin-und-Her-Spiele so oft mit dem Worte „Wir" beginnen. Natürlich kann das kleine Kind dieses „Wir" noch nicht als ein christliches erleben. Als solches kann es nur durch die persönliche Entwicklung während des Lebens *erworben* werden. Das Kind aber fühlt sich durch dieses „Wir" wie vom kosmischen „Wir" der Vater-Welt angesprochen, in dem es selbst noch lebt. Doch eben dieses ehemalige „Wir" ist es, das den Nahrungsboden für das spätere, jetzt noch schlummernde „Ich" vorzubereiten hat, aus dem dann wieder das neue WIR des SOHNES geboren werden kann. Ohne das ursprüngliche WIR ist das neue WIR nicht möglich. Daß es erst in diesen Gegenüber-Spielen eine so deutliche und lebendige Rolle spielt, ist darum von außerordentlicher Bedeutung.

Zug-Spiele

Die Lauf- oder Zug-Spiele bringen alles zum Ausdruck, was sich weiterbewegt, vorwärtsbewegt, der Zukunft entgegenstrebt: das ganze Weltgeschehen, den Lebenslauf des Menschen, aber auch den

Strom der Tagesgeschehnisse. Und so muß uns jetzt bei diesem Typ, der sich vorwiegend an die ältesten der Kleinkinder wendet, zu allererst dasjenige beschäftigen, was gerade unter diesen Kindern zu erwachen beginnt und was, umsichtig geleitet, wiederum im Schreiten der Füße — jetzt jedoch im ständigen Weiterschreiten — seine erste gesunde Auswirkung finden kann: der Vorgang des logischen Denkens. Wie die Wirkung des in den höheren Welten sich offenbarenden lebendigen Geistes sich auf der Erde zusammenzieht und sich spiegelt in der logisch-kausalen Gliederung der Gedanken, mitgehend mit dem Strom der Zeit, das sehen wir bildlich ausgedrückt durch diese Zug-Reihen und wie zu lebendiger Wirklichkeit geworden durch die Kinder selbst.

Bei diesen Spielen vom Prinzip des GEISTES zu sprechen, scheint hier ebenso wie bei den vorigen beiden Spieltypen, — dem des VATERS und dem des SOHNES — zu groß, zu hoch gegriffen. Doch sollten wir, im Zusammenhang mit den jetzt zu besprechenden Spielen, auch hier wieder bedenken, daß diese großen Worte *dort* berechtigt sind, wo noch eine weitreichende, wenn auch unterbewußte Geistverbindung besteht, wie das ja gerade bei den Kleinen, auch noch bei den etwas Größeren der Fall ist. Wir glauben daher, auch hier wieder nicht zurückschrecken zu müssen, dieses große Wort zu gebrauchen, und diesen dritten Spieltyp der Zug-Spiele als im Zeichen der sich im Irdischen spiegelnden und im irdisch-kausalen Zusammenhang sich äußernden Wirkung des GEISTES stehen zu sehen.

Bleiben wir vorerst einmal bei dem, was wir eben den Vorgang des logischen Denkens nannten. Gemeint war damit das Aneinanderreihen von Gedanken, die unter einander in einem logischen Zusammenhang stehen oder in einen solchen gebracht werden sollen. Alles Denken durchzieht ja gewissermaßen ein bestimmter „Faden" (der *rote* Faden!), der von einem Begriff zum anderen, von einer Vorstellung zur anderen weitergezogen, oder auch weitergesponnen wird, bis ein logischer Zusammenhang entsteht, der zuletzt zu jenem Resultat führt, das vom Beginn eines solchen Denkprozesses an angestrebt wurde.

Dieses Aneinanderreihen von Gedanken ist etwas, was das kleine Kind auf einer bestimmten Altersstufe zu entdecken beginnt, das es mehr und mehr beschäftigt, mit dem es sich auseinanderzusetzen versucht; aber noch hat es Mühe den „Faden" zu finden, der die einzelnen Gedankenglieder — die Worte und Begriffe — verbindet, sie in kausalen Zusammenhang bringt. Das Urbild eines solchen Aneinanderreihens von Gedanken ist die Kette, an deren Faden die einzelnen Glieder wie Perlen auf- und aneinandergereiht sind. Eine solche „Gedankenkette" kann aber auch reißen, dann sagen wir wohl: „Jetzt ist mir der Faden gerissen" und meinen, daß uns mitten in einem Gedanken*gang* der Zusammenhang verlorengegangen ist oder uns das Gedächtnis für einen Moment im Stich gelassen hat. Und so sagen wir auch: „Ich kann den Faden nicht wiederfinden, oder: „Ich habe den Faden verloren".

Dieses erste Aufdämmern eines solchen Vorgangs des Aneinanderreihens von Gedanken-Gliedern beim kleinen Kinde bringt ein altes holländisches Zugspiel sehr schön zum Ausdruck, das lautet:

> Ich möchte so gern eine Kette binden, (reihen)
> aber ich kann den Faden nicht finden,
> ha, ha, Viktoria!
> ha, ha, Viktoria!

Jedes kleine Kind möchte „so gern" das kosmische Leben im Geiste im irdischen Gedanken-Aneinanderreihen weiter entwickeln, doch das ist sogar für manch eines der größeren Kinder noch ein mühsamer Prozeß; darum heißt es ja auch in der zweiten Zeile: „— aber ich kann den Faden nicht finden". Damit wird zugleich auch angedeutet, daß zum Aneinanderreihen einzelner Kettenglieder, z. B. einzelner Perlen, ein Faden nötig ist. Der Faden des „logischen" Zusammenhanges, der dem so kleinen Kinde aber noch nicht bewußt geworden ist, den es noch nicht „gefunden" hat.

Dieses wertvolle, dem GEISTprinzip verwandte Spiel weist in seinem Aufbau einen seltsamen Gegensatz auf. Daß der Text so kurz und einfach ist und daher in vielen Wiederholungen gesungen werden muß, bevor die Kette fertiggeriegen ist, hat sein Gutes für die Kleinsten der Spielgruppe, die ihn dann auch bald mitsingen, wenn sie auch seinen Inhalt noch kaum verstehen. Das so ofte Wiederholen des Textes, besonders des „... aber ich kann den Faden nicht finden", also desjenigen, wozu die Seele des Kindes vorläufig noch nicht imstande ist und auch noch nicht sein darf, wird kaum impulsierend auf das Kind wirken, während es dagegen das Reihen der Kette, ihr schließliches Zustandekommen, genau wie die größeren Spielkameraden freudig mit seinem „Ha, ha, Viktoria!" begrüßt.

Das Binden oder Reihen der Kette geschieht folgendermaßen: Die Kinder stellen sich in einer langen Reihe auf und halten sich dabei an den Händen. Die beiden letzten bilden mit je einer Hand so hoch als möglich eine Pforte, ein Tor. Es sollten dazu also möglichst zwei größere Kinder genommen werden. Die freie Hand des vorletzten

Kindes ist mit der Zugreihe verbunden. Die Spieltante führt den Zug an und leitet ihn in einem großen Bogen durch das Tor hindurch. Wenn alle Kinder hindurchgegangen sind, die Schleife also immer enger und enger geworden ist, wird schließlich der Arm des Kindes, das mit dem anderen das Tor bildet, ebenfalls ein Stück durch das Tor gezogen, wodurch das Kind eine Vierteldrehung ausführt und seine Arme sich kreuzen. Es hat sich auf diese Weise als erstes Kettenglied oder als erste „Perle" in die Kette „eingeknotet". Beim nächsten Durchgang ziehen die Kinder dann durch die zum Tor erhobenen Arme des vor- und drittletzten Kindes, und beim übernächsten durch die des dritt- und viertletzten Kindes, so daß bei jedem neuen Durchgang, sich immer das neue Torkind in die Kette eingliedert, bis sich alle Kinder „eingeknotet" haben. Die Kindertante, die nun als Letzte durch das Tor geht, faßt dabei die freie Hand des allerersten Torkindes und schließt dadurch die Kette (oder auch den Faden) zu einem Kreis zusammen, in dem jetzt alle Kinder mit gekreuzten Armen und nach außen gewendeten Gesichtern stehen: Jetzt sind sie alle Glieder einer geschlossenen Kette geworden und zum letzten Male singen sie nun ihr „Ha, ha, Viktoria!", gleichsam als frohe Bestätigung der zustandegebrachten Vereinigung. Dann lassen sie ihre Hände los, drehen sich um und stehen nun in einem offenen Kreis, und das Spiel kann — falls das erste Bilden der Kette nicht schon zu lange gedauert hat — noch einmal ganz von vorn beginnen.

Bei dieser im buchstäblichsten Sinne „verwickelten" Ausführung des Spieles muß mit einer besonderen Schwierigkeit gerechnet werden, die sich für die das Spiel anführende Kindergärtnerin ergibt. Sie kann nämlich den Kleinsten der Gruppe, die ja nicht nur mitlaufen, sondern dann auch noch die Arme kreuzen müssen, nicht beistehen, wenn sie im Zug mitzotteln und sich hilflos mitgezogen fühlen. Hier muß die Leiterin am besten von vornherein entscheiden, welche Kinder dieses Spiel ohne Gefahr für sich und die anderen schon mitspielen können und welche besser nur dabei zuschauen. Es sei hier noch einmal daran erinnert, wie wohltuend es für das kleine Mädchen in Rotterdam war, nur still dem rhythmischen Spiel der Größeren zuschauen zu können! Auch für die am Spiel beteiligten Kinder wird es besser sein, wenn sie dabei nicht vom unbeholfenen Mittun der Kleinsten gestört werden und wenn dadurch die positiven Wirkungen des Spieles mehr zu ihrem Recht kommen können.

Was sind das nun aber für positive Wirkungen? Warum kann das Spiel trotz dieser Bedenken doch wichtig sein für die Entwicklung des Kindes? Für die Größeren im direkt-aktiven, für die Kleinsten im mehr indirekten Sinne durch das bloße Zuschauen? Große kosmische Hintergründe des vorgeburtlichen Lebens oder des Eintritts in die Erdenwelt bietet ein Spiel wie dieses vorerst nicht, und doch spielen viele der Größeren es gern. Was ist es also, was sie an ihm (unbewußt) erleben und was die Kleinsten, im Träumend-Zuschauen in geheimnisvoller Verborgenheit darin ausgedrückt finden?

In diesem Spiel haben wir es — außer mit einer zwar sehr deutlichen, in wirklichen „Gliedern" dargestellten, kettenförmigen „Gedanken-Aneinanderreihung" — auch zu tun mit einer gewissen, von vielen Kleinkindern direkt erlebten Rätselhaftigkeit, die wir auf der Ebene des noch so geistverbundenen Kinderbewußtseins auch hier wieder als „Magie" bezeichnen dürfen. Eine Magie, die wir ebenso wie die Klang- oder Lautmagie, absolut positiv auffassen müssen. Aber in welcher Richtung äußert sich nun hier diese „Magie", diese verborgene und doch offenbare Geistwirkung, dieses „offenbare Geheimnis"?

Im praktischen Leben können wir in den verschiedenen Web-, Knüpf- und Reih-Techniken wahrnehmen, wie das Geistige seinen Weg zu den Menschen auf der Erde fand und sich ihnen in dieser Gestalt offenbarte. Die niemals erdachten Knoten und Gewebe zeigen uns eine aus dem Kosmos zur Erde herabgekommene, irdisch gewordene Intelligenz, eine „Magie", die nur von ihrer äußeren Erscheinung her zu begreifen ist, ihrem wahren Wesen nach aber nicht mit dem Verstande ergründet werden kann. Es ist das in das Erdenleben „eingewebte" oder „hineingewebte" Geistprinzip, das dieses Zugspiel zum Ausdruck bringt. Nach der „Laut-Magie" haben wir es hier zu tun mit der „Knüpf-Magie".

Als ich als Kind in eine neue (keine „Freie"-)Schule kam, wo neben den üblichen Fächern auch im Kunstsinnig-Handwerklichen unterrichtet wurde, sah ich mich einmal plötzlich, inmitten einer Klasse von knüpfenden und reihenden Kindern, von äußerst schönen und seltsamen Knüpfarbeiten umgeben, die unter ihren Händen entstanden. Da gab es Gürtel, Zierbänder, Deckchen, kleine Taschen, usw. Mir war, als wäre ich in eine andere Welt versetzt worden, und ich erlebte es als ein Wunder, wie das nur aus *Länge* bestehende Material — der lange dünne Faden — so geführt werden konnte, daß es nicht nur schöne Formen annahm, sondern sich auch zu einer Fläche auszubreiten vermochte, die dann zu nützlichen Gegenständen verarbeitet werden konnte. Das Knüpfen selbst aber empfand ich als etwas, das nicht von einem Menschen erdacht, oder zufällig entstanden sein konnte, sondern sich mir als ein übersinnlicher Vorgang, ein höheres Geschehen offenbarte. Seither erlebe ich in jeder geknüpften oder gewebten Arbeit ein magisches Objekt, das mir sagt, daß es aus einem hohen Geistprinzip, einer übersinnlichen Intelligenz, herab zu den Menschen gekommen ist. Dieses Kindererlebnis damals auf der neuen Schule vermittelte mir etwas von der „Geburt" des Phänomens „Knoten" auf der Erde, d. h. es konnte etwas von dem geheimnisvollen, Kosmos und Erde verbindenden Wesen des Knotens Wirklichkeit für mich werden, bevor ich ihn als praktisches Objekt im Erdenleben mit meiner eigenen irdischen Logik zu begreifen verstand.

Auch in Mythen und Legenden tritt der Faden und der Knoten auf als Sinnbild für das Erden-Logik-*Werden* oder -*Gewordensein* einer ehemals kosmischen Intelligenz. Man braucht nur an den Ariadnefaden im Labyrinth auf Kreta oder an den Gordischen Knoten zu denken, den zu lösen Alexander der Große noch nicht imstande war und ihn deshalb mit seinem Schwerte durchschlug.

Jetzt, wo Faden und Knoten im Bewußtsein der Menschen zu Erdenobjekten und damit zugleich zum Sinnbilde des Denkens geworden sind, erleben wir den Knoten sowohl im positiven wie im negativen Sinne. Im positiv-praktischen Sinne kommt der Mensch täglich mit dieser im Verborgenen doch weit über seine eigene Intelligenz hinausreichenden Welten-Magie in Berührung durch die Erzeugnisse der Textilwelt und ihrer häuslichen Verwendung in Gestalt vieler Alltagsgegenstände, angefangen vom einfach geknüpften Einkaufsnetz bis zum kostbaren Seidengewebe. — Im negativen Sinne begegnen wir dem Knoten dort, wo er außerhalb des menschlichen Willens entsteht, vor allem da, wo sich etwas „verknotet". Das geschieht sowohl auf dem physischen Plan wie auch — und das ganz besonders — im Gebiet des Seelischen. Man kann auch seelisch „verknotet" sein oder „in der Schlinge" sitzen.

Aber wir können das Phänomen auch noch in einem viel größeren Zusammenhang als Zukunftsfrage sehen. Befindet sich nicht die gesamte Menschheit gerade jetzt geistig wie im Zustand eines „Verknotetsein", aus dem sie eine Lösung, eine Entknotung finden muß? ...

Das Wesen des Knotens erleben wir in diesem Jahrhundert in einer ganz neuen Bedeutung, die dem „Verknotetsein" einen beinahe entgegengesetzten Sinn verleiht als den des Gordischen Knotens. Haben wir nicht sehen gelernt, daß sich aus tief verschlungenen *Seelenknoten* ein im positiven Sinne neues Karma bilden kann? Gewiß werden noch viele Knoten, auch Seelenknoten, entwirrt oder „durchgehauen" werden müssen. Doch gibt es auch solche, bei denen es nicht darum geht, sie zu entwirren oder irgendwie zu beseitigen, sondern sie auf höherer Ebene in Ordnung zu bringen. Früher galt das „Auge um Auge, Zahn um Zahn". Jetzt aber kann ein Mensch, statt sich für ein ihm durch einen anderen zugefügtes Unrecht zu rächen, diesem anderen vergeben, wodurch eine neue, nun umso festere persönliche Verbindung zwischen ihnen beiden entstehen kann, die gemeinsame neue Möglichkeiten erschließt. Ist man aber selbst an einem anderen Menschen schuldig geworden, so kann man diese Schuld „tilgen", indem man eine Vertiefung des gegenseitigen Verhältnisses anstrebt, das dadurch völlig verwandelt werden kann. Solche „Seelenknoten", die man sich selbst geschaffen hat, werden auf diese Weise nicht „entknotet" oder „durchgehauen", wie das Alexander in einem Gewaltakt tat, sondern sie werden sozusagen „sublimiert", und zwar derart, daß sie eine tiefere karmische Verbindung schaffen, indem sie das Karma verchristlichen. So wie bei Knüpfarbeiten Knoten hergestellt werden, deren Bestimmung es nicht ist, wieder aufgeknotet zu werden, sondern alle zusammen ein Ganzes von höherer Ordnung zu bilden, so können wir die Seelenknoten in uns, und zwischen uns und anderen Menschen so behandeln, daß sie eine karmische Beziehung von höherer, von durchchristeter Ordnung entstehen lassen. Unsere Zukunft, auch unsere gemeinsame Zukunft soll nicht nur aus entwirrten, sondern vor allem auch aus gemeinsam zu einem edlen Knüpfwerk verarbeiteten Seelenknoten bestehen.

So betrachtet, ist der Schluß des Spieles, bei dem die Leiterin mit den „verknoteten" Kindern und der *daraus* entstandenen Kette einen *neuen Kreis* bildet, tief bedeutungsvoll.

Gerade auch, weil dies alles *gemeinsam* geschieht, hat es den Kindern etwas Besonderes zu sagen. Sind nicht auch hier Seelen zusammengetroffen, die in vielerlei Hinsicht gemeinsam ihr Karma geformt haben und es auch jetzt noch gemeinsam weiterentwickeln müssen? In jedem dieser Zugspiele können diese sicherlich bestehenden karmischen Beziehungen ihren Ausdruck finden. Wir lernten auch den *Kreis* als Bild karmischer Zusammengehörigkeit kennen. Doch statt des statischen Umgeben- oder Aufgenommenseins durch den Kreis, haben wir es hier zu tun mit dem dynamisch weiterschreitenden, eine neue Zukunft vorbereitenden Karma, an dem jede Menschenseele teilhat.

Ganz besonders erleben wir das in diesem Spiel, wo eine Gruppe von Seelen gemeinsam (Seelen-)Knoten aneinanderreiht und gemeinsam eine Lösung derselben dadurch sucht, daß sie zu einem Seelenknüpfwerk auf einer höheren Ebene werden, zu einem neuen Kreis: einem miteinander verknüpften Karmakreis... Hier wird die neue

christlich-soziale Karma-Entwicklung spielenderweise bildlich ausgedrückt.

Diese neue Karma-Entwicklung ist es, die die größeren der Kinder
— natürlich ohne selbst etwas davon zu begreifen — innerlich emp-
findend oder „ahnend" in Symbolhandlungen vollbringen, und die
die Kleinsten mit offener Seele als ein Welt- und Menschheitsphäno-
men um sich her geschehen sehen und — es noch weniger begreifend —
darum um so tiefer erleben.

Wir sehen also, daß diese vorwiegend für größere Kinder geeig-
neten Spiele doch auch einen tieferen Sinn oder Ursprung haben
können, und wie das Ausführen dieser Zugspiele auch im Kindergarten sinnvoll sein kann, selbst wenn die Kleinen noch nicht so ganz
aktiv oder auch überhaupt noch nicht daran teilnehmen können.

Übrigens kann dieser Spieltyp, vielleicht sogar stärker als die anderen, mit seiner so bedeutsamen Bildersprache auch dem Erwachsenen etwas sagen. Und eigentlich muß er das auch tun. Der Begriff
der Karmabildung im sozial-christlichen Sinne muß dem heran-
gewachsenen Menschen zu einer absoluten Realität werden. Die Kleinen, die ja später als Erwachsene alle einmal diese Dinge bewußt
durchzumachen haben werden und sie verwirklichen müssen, werden
dies umso besser können, wenn sie sie schon jetzt in Bildform erleben
dürfen und auch einmal selber mit gestalten können.

*

Eine andere Merkwürdigkeit, die beim Zugmotiv auffällt, ist, daß
es in den Spielen selten allein, sondern fast immer in Kombination
mit anderen Spielelementen auftritt. Eine Reise, die begonnen wird,
setzt eine Ursache voraus und ein Ziel. Und so kann auch ein Zug-
spiel nicht ohne weiteres, d. h. ohne einen einem anderen Prinzip entstammenden Anfang und eine ebensolche Beendigung befriedigen.
Bei dem eben besprochenen Spiel wurde zuerst sein Ausgangspunkt,
das *Tor* gebildet, während als „Ziel" das Kreiselement auftrat. In
einem anderen Spiel tritt das Kreiselement noch stärker hervor, obwohl es auch ein Zugspiel ist. Auch ihm liegt das Motiv des Ver-
knüpfens, Verbindens zugrunde, nur ist es hier nicht das Knüpfen
von „Seelenknoten", sondern einfach nur das Winden oder Binden
eines Kranzes, das dargestellt wird:

Wir woll'n den Kranz winden,
so winden wir den Kranz:
wie die Gretel so fein,
soll der Kranz gewunden sein.

In diesem Spiel ist es auch kein Tor, durch das die Kinder hindurchziehen; sondern sie laufen, sich an den Händen haltend, in einem Zug, der in Form einer weiten Spirale von der Kindertante angeführt wird. Jedesmal, wenn in der dritten Zeile der Name eines der Kinder von der „Tante" genannt wird, kreuzt dieses seine Arme, und es ist dann gleich einer Blüte in den so entstehenden Kranz eingeflochten worden. Erst wenn das letzte Kind ebenfalls seine Arme gekreuzt und seine freie Hand mit der freien des ersten Kindes oder eben der Spieltante verbunden hat, ist der Kranz fertig gewunden und schließt sich jetzt zu einem Kreis. Der „Blütenkranz" ist hier ein besonders schönes Bild für den Karmakreis der jungen Kinderseelen.

Im nun folgenden Spiel, das in seiner Spielweise und auch bezüglich seines Textes den Zug, also ebenfalls die lange Reihe in Kombination mit dem Kreis zeigt, hören wir von einem *Weg*, der gegangen werden muß:

> Zwischen Kölle und Paris
> liegt der Weg nach Rome.
> Jeder, der mit uns will gehn,
> der muß unsre Manieren verstehn:
> *so* sind unsre Manieren . . .

Es ist der Weg, der zwischen den großen Lebenserfahrungen hindurch: den warnenden Bojen und den drohenden Klippen der modernen Zivilisation („zwischen Kölle und Paris") nach dem fernen „Rome" führt und der *gemeinsam* gegangen werden muß („jeder, der mit uns will gehn"). Wir hören ferner, daß zur Erreichung dieses hohen Zieles das Verstehen bestimmter „Manieren" nötig ist. Man wird sich des Eindrucks nicht erwehren können, es hier mit einem „Menschheitszug" zu tun zu haben, der, geführt von den Leuchten der Kultur, seiner Geist-Zukunft entgegenzieht . . .

Vor der Geburt tat sich den Seelen der jetzt hier zusammengekommenen Kinder von „oben" der Ausblick nach „unten" in das vor ihnen liegende und gemeinsam zu meisternde Leben auf, und ließ sie die warnenden „Bojen" und die drohenden Klippen wahrnehmen, die das Spiel andeutet. Das kleine Kind weiß nichts von dem, was es damals geschaut hat, und es weiß auch nicht, was die Worte „Kölle", „Paris" und „Rome" bezeichnen; es erlebt sie nicht historisch oder geographisch wie wir. Aber mit seinem tiefsten Wesen doch noch in dieser Vorschau lebend, fühlt es sie jetzt hier auf der Erde im Spiel zu einer ersten Traum-Wirklichkeit, zu einer „Spielwahrheit" werden, die, einerseits als „Erinnerung" an das Geschaute, andererseits als „Vorspiel" dessen, was im Leben gesucht und gemeinsam vollbracht werden muß, jetzt zu einem Bindeglied wird zwischen der geistigen Vergangenheit und der irdischen Zukunft der karmisch verbundenen Menschenseelen-Gruppen.

Wenn eine solche Gruppe zu dieser karmischen Verbindung gekommen ist, und die vielerlei durcheinandergewobenen oder ineinanderverflochtenen Schicksale auf ihrem, mitunter zu einem großen Teil *gemeinsamen* Lebensweg zu verwirklichen suchen muß, dann bildet sie dabei von selbst bestimmte Lebensnormen, bestimmte „Manieren" des Miteinander aus: „Umgangsformen" im Zusammenleben, in der Zusammenarbeit, die ausgerichtet sind auf ein gemeinsames Ziel oder Ideal, oder die sich ergeben aus den gemeinsamen Lebensprinzipien oder Arbeitsgebieten wie Handel, Kunst, Unterricht, gewerbliches oder kulturelles Leben. Der sich damals um Goethe gebildete Menschenkreis hatte andere, und mußte auch andere Lebensgewohnheiten, andere „Manieren", haben und andere Dinge tun als eine Gruppe von Menschen, deren Mittelpunkt etwa Napoleon war. Eine jede solche, ob in einem Bankgeschäft, einem Unternehmen, einem Museum, einem Zirkus oder einer sonst irgendwie gearteten Institution zusammenarbeitende Gruppe zeigt sowohl untereinander wie auch der Außenwelt gegenüber durch die Art ihres Verhaltens, ihrer Gewohnheiten: „So sind unsere Manieren". Und so muß jeder Karmakreis seine eigenen „Manieren" zu finden suchen oder sie im aktiven Tun ausbilden.

Diese „Manieren" müssen jedoch im Laufe dieser Entwicklungswege schon sehr früh „jedem, der mitgehen will", vorgemacht oder wieder in Erinnerung gebracht werden. Das ist wie ein gemeinsames Besinnen: *so* müssen wir handeln und leben, wenn wir unser großes Ziel erreichen wollen (so sind unsere Manieren), wobei man sich natürlicherweise einander zuwendet: das Element der Kreis-Gemeinschaft ist plötzlich wieder in Aktion getreten, der Zug-Kreis des Spielens wird zum „Beziehungs-Kreis". Und gerade das ist es, was die Kindergruppe in der Bildsprache des Spieles wiedergeben will. Und diese Wiedergabe hat für das kleine Kind selbst eine große Bedeutung. Obwohl das unbefangene Spiel, ganz besonders aber das unbefangene *Zusammen*spiel dieser Kinder, deren karmische Beziehungen viel reiner ausdrückt als die erdachten „Manieren", geht es doch nicht allein darum. Viel stärker als diese Beziehungen selbst kommt in dem kleinen Spiel deren Vorhandensein bildlich zum Ausdruck. Und dieses *Bild des Vorhandenseins dieser Beziehungen* ist es, was das Kind sein ganzes Leben lang in sich tragen kann!

Man sieht, wie hier das Zusammenwirken von Inhalt und Spielweise ganz von selbst zu einem Abwechseln zwischen Zug- und Kreisform führen mußte, was sich in der Praxis dann weiterentwickelte zu einer noch engeren „Verknüpfung" der zwei Spielformen. Und so wird auch bei diesem Spiel sofort mit der Bildung eines Kreises begonnen, indem die Kinder Hand in Hand im Kreis herumlaufen und erst beim Vormachen der „Manieren" stehen bleiben. Wenn es dann heißt: „der muß unsre Manieren verstehn", tritt eines der Kinder, etwa das an der rechten Hand der „Tante" laufende Kind — und wohl am besten mit dieser zusammen — in die Mitte des Kreises und macht nun eine „Manier", d. h. eine Gebärde oder Geste, vor, die dann der ganze Kreis nachmacht, wobei alle singen: *„so sind unsere Manieren"*. Das Kind, das die betreffende Gebärde vorgemacht hat, tritt dann mit der „Tante" zurück in den Kreis, nun aber an ihrer linken Hand, so daß nach dem folgenden Rundgang das jetzt an der rechten Hand der Leiterin gehende Kind entweder allein oder auch mit ihr zusammen eine neue, oder aber auch die gleiche Manier vormacht. Als Abschluß des Spieles, wenn alle Kinder einmal eine Geste vorgemacht haben, kann dann nach der zweiten Zeile gesungen werden: „Jeder, der mit uns will gehn, wird mit uns in Rome stehn. Hier sind wir in Rome".

Im übrigen werden wir uns auch hier wieder daran erinnern müssen, daß das Ausdenken von „Manieren" durch den Erwachsenen, nicht aber von dem betreffenden Kinde getan werden muß. Und wir werden immer daran denken müssen, daß ein Kind dieses Alters noch ganz in der *Nachahmung* lebt und überhaupt noch nicht fähig ist, etwas zu ersinnen oder gar vorzumachen. Das Vormachen von etwas widerspricht völlig seinem Wesen, da es innerlich noch nichts hat, was es „vormachen" könnte. Wenn man dies von ihm verlangt, und es dabei auch noch *allein* im Kreis stehen muß, veranlaßt man das Kind dazu seine eigene Altersstufe zu überspringen; ein Prozeß, auf dessen ungute Folgen bereits ausführlich hingewiesen wurde. Ein seinem Alter entsprechendes Kind, das normal reagiert, wird sich still von dem von ihm Geforderten zurückhalten. Ist es bereits etwas größer, dann wird es — jetzt in bewußter Verlegenheit — sehr leicht zu Übertreibung neigen und vielleicht allerlei alberne Grimassen oder Gebärden vorführen, falls es nicht schon seine natürliche Scheu vor einem solchen selbständigen Auftreten verloren hat. Nur dadurch, daß sie unauffällig immer wieder ein Vorbild gibt, kann die Leiterin das „Selbstausdenken" und „Vormachen" der Manieren zu einer gesunden Phase des Spieles gestalten, indem das Kind zwar selbst aktiv agiert, in Wirklichkeit aber doch nur nachahmt. Der an der Seele des

Kindes bildende Charakter dieser Phase wird dann ungehindert Zugang finden zum Erleben des Kindes. Der Nachahmungsprozeß hilft ihm nicht nur bei dem, was es im Leben lernen muß, er behütet es zugleich vor jedem selbständigen Auftretenmüssen, das zu einem verfrühten, den gesunden Geistesstrom abschneidenden Erwachen führt.

Der Kindergärtnerin aber fällt bei dieser taktvoll-liebreichen Hilfe, die sie dem kleinen Kinde auf diese Weise bietet und durch die es sich geborgen und getragen fühlt, eine schöne und ernste Aufgabe zu: bei allen „Manieren", die ihr einfallen, und unter denen natürlich auch recht lustige sein müssen, kann sie ab und zu eine Gebärde von tieferer Bedeutung einflechten, etwa die der Dankbarkeit, der Ehrfurcht, des freudigen Schenkens, des freundlichen Grüßens und auch die für das Leben so notwendige, sich zugleich wiederholende „Zusammenziehung und Entfaltung" der Seele, wie sie im Spiel vom „Siebensprung" zum Ausdruck gebracht wurde. Diese ohne Erklärung ausgeführten Gesten moralischen Inhalts wird das kleine Kind tief in sich aufnehmen und sie — vorläufig noch ohne sie zu begreifen oder sie schon richtig ausführen zu können — innerlich mit sich führen durchs Leben, wobei sie im Verborgenen ihren Einfluß umso stärker geltend machen werden, so daß sie später einmal zu einer *bewußten* Seelenhaltung, einer echten „Seelenmanier" heranreifen können.

Und so wird dieses köstliche Spiel den kleinen Kindern außer der Festigung ihres gemeinsam begonnenen Lebensweges und der später zu entwickelnden sozialen, vielleicht auch hierin karmischen Verbindungen, auch wertvolle Keime legen für ihre spätere moralische Entfaltung.

*

Wir haben dieses Spiel ein Zug-Spiel genannt, obwohl wir zugeben müssen, daß das Laufen in einem Kreis kein richtiger Zug, keine lange Reihe ist und daß — größer bezogen — wenn man im Kreise läuft, man ja nicht vorankommt. Außerdem: wie sollte man auf diese Weise glaubhaft machen, daß man zwischen zwei Orten — Köln und Paris — nach dem fernen Rom zieht ...?

Praktisch jedoch, „spieltechnisch" gesehen, müssen wir uns sagen, daß, wenn die Kinder, in einem Zuge laufend schon nach einigen Sätzen einen Kreis formen sollen, sie ganz von selbst *sogleich*, also von Anfang an, diesen Zug in einem Bogen ausführen werden, der zur Kreisform wird, da sie sonst unmöglich in der dafür zur Verfügung stehenden kurzen Zeit Anfang und Ende des Zuges zusammenfügen könnten. So ungefähr wird sich praktisch die Kombinierung dieser zwei Spieltypen in diesem Spiel ergeben haben.

Dann bleibt noch zu sagen, warum wir das häufige Auftreten des Kreiselementes begrüßen und dies besonders, wenn Spiele dieser Art mit den Vier und Fünfjährigen gespielt werden. Viel des Problematischen des Zuges: das sich nicht „umhüllt" fühlen der Kleinen, das oft schwierige Mittrippeln der Allerkleinsten, kann durch das Abwechseln von Kreis- und Zugelement abgeschwächt werden. Diese Schwierigkeiten, die bei den Zugspielen erst auftraten, als diese Spiele von der Schulkind-Phase in die Kleinkind-Phase übernommen wurden, werden möglicherweise auch noch in anderen Zugspielen durch Hinzufügen des Kreiselementes oder sogar durch seine Betonung behoben werden können, so daß auch diese Spiele sich für die Kleinen im Kindergarten als ausführbar erwiesen werden.

*

Als drittes Beispiel für diese Kombination von Zug- und Kreisspiel wählen wir nun ein dem vorigen in gewisser Hinsicht entgegengesetztes Spiel: eines, das — absolut berechtigt — als Zug-Spiel (der Form nach also als GEIST-Spiel) gespielt wird, dessen Art und Inhalt jedoch noch stark den VATER-Charakter aufweist. Es ist das schöne Spiel von den *weißen und den schwarzen Schwänen,* das nicht nur in Holland, sondern auch in Deutschland in mancherlei, wahrscheinlich regional bedingten, Varianten des Textes und der Melodie, gespielt und gesungen wird. Bezüglich der verschiedenen Abweichungen im Text ist zu sagen, daß sie natürlich alle möglich sind, und daß weder ein logischer noch realistischer Inhalt erwartet wird. Solange das Kind noch in der Laut- oder Wortmagie lebt, wird es fast bei jedem Text irgend etwas erleben. Wenn es aber einen Text gibt, der eine tiefere Symbolik und außerdem eine klangvolle, bildreiche Alliteration erkennen läßt, so wird man sich fragen, warum man eigentlich einen Text bevorzugen soll, der das alles nicht aufweist und bei dem der reiche Inhalt verloren geht oder verloren gegangen ist. Wenn es also in einer dieser Versionen heißt: „Krone, Krane, weißer Schwane...", so fragt man sich unwillkürlich, was können diese Worte dem nicht mehr so kleinen Kind, also etwa dem Schulkind im ersten Schuljahr, bedeuten, das wohl noch kaum etwas von einem Kranich gehört hat, wohl aber den Kran in der Küche, den Wasserhahn kennt. Das ist nicht als Scherz gemeint, sondern als nüchterne Feststellung. Übrigens entsprechen die harten K-Laute viel weniger dem Wasser und dem Fahren auf dem Wasser als die lebendig-wellenden W- und Schw-Laute. Und außerdem ist doch der Kranich als Bild für etwas Dahingleitendes, „Fahrendes" niemals dem im Wasser so majestätisch-erhaben sich fortbewegenden weißen Schwan zu vergleichen!

Diese Erwägungen ließen uns den Text des Spieles, so wie er in Holland bekannt ist, als am geeignetsten erscheinen für alles das, was dieses Spiel so besonders wertvoll macht.

Weiße Schwäne, schwarze Schwäne.
Wer will mit nach Engelland fahren?
Engelland ist geschlossen,
der Schlüssel ist zerbrochen.
Ist denn hier kein Schmied im Land,
der den Schlüssel machen kann?
Laßt durchgehn, laßt durchgehn,
der Letzte, der wird vorn stehn,
der Letzte ist gefangen.

Und gespielt wird es so: Zwei der größten Kinder, oder auch die Leiterin mit einem der größten, stellen sich einander gegenüber, fassen sich an den Händen und heben die Arme auf zu einem Tor. Die übrigen Kinder gehen in einer langen Reihe langsam laufend und in einem großen Bogen unter dem Tor hindurch, bis sich das letzte Kind am Schluß des Zuges im Tor befindet. Nun lassen die beiden Tor-Kinder ihre Arme schnell nach unten sinken, wodurch das letzte Kind dann „gefangen" ist.

Seit alten Zeiten hat man den Vogel als das Bild für jenen Wesensteil des Menschen gesehen, der sich über den irdischen Plan hinaus erheben kann und der sich nach dem Tode des Menschen zurück in den Himmel begibt: die Seele. Schon die alten Ägypter sprachen vom „Seelenvogel" des Menschen, und in den Märchen ist der Vogel fast immer ein Bild für die Seele oder auch für den Geist. Ganz besonders aber ist das der Fall beim Schwan, dem Vogel mit der weiten Flügelspanne, dem jedoch auf der Erde das Wasser (das Seelen-Element) zugeordnet ist. Man denke an „Hänsel und Gretel", die von einem weißen Schwan (bei den Brüdern Grimm von einer weißen Ente) über den Fluß getragen werden, zurück ins Vaterhaus. In einem Märchen von Andersen verwandeln sich „Die sieben Brüder" in sieben Schwäne: sie kehren ab und zu in die Geisteswelt zurück. In der Lohengrin-Sage ist es ebenfalls ein Schwan, der den Gralsritter über das Wasser der Schelde führt.

So wird auch hier beim „Schwanenspiel" das Kind in seinem Bild-Erleben, das den alten Volksimaginationen sehr verwandt ist, schon gleich am Beginn des Spieles zurückversetzt in die Welt seiner geistigen Herkunft, in die vorgeburtliche Umwelt: nach „Engelland", dem Land der Engel, wo die geläuterten Menschenseelen, die „weißen Schwäne" verweilen. Im Spiel werden neben den weißen Schwänen auch die schwarzen genannt, und „ahnend", daß die schwarzen, d. h. die infolge eines sündenvollen Lebenswandel „schwarz" gewordenen Menschenseelen, auch einmal rein, also weiß gewesen sein müssen, fühlt man die Frage in sich aufsteigen: Sollte nicht jede „schwarze" Menschenseele nicht gern wieder weiß werden wollen? Mit anderen Worten: welcher Mensch möchte nicht zu seinem Ursprung, in das Land der Engel zurückkehren wollen? Und darum fragt das Spiel und fordert zugleich auf: „Wer will mit nach Engelland fahren...?" Aber Engelland ist von der Erdenwelt aus nicht so leicht zugänglich. Engelland ist „verschlossen", denn der Schlüssel zu diesem Lande ist „zerbrochen", d. h., der Schlüssel zur Geisteswelt von ehemals kann heute nicht mehr benützt werden, und auf die frühe Kindheit bezogen, bedeutet das: das mit der Geisteswelt noch verbundene Traum-Erleben des kleinen Kindes ist am Verebben und wird in nicht allzu ferner Zeit ganz abgeklungen sein. Das heranwachsende Menschenkind, und genauso die Menschheit heute, muß einen neuen Weg in die geistige Welt finden — es muß ein neuer Schlüssel für die Geistespforte geschmiedet werden. Aber wo ist der Schmied, der den Schlüssel anfertigen kann? Wo ist der „Schmied Ilmarinen" der finnischen Kalewala, der den „Sampo", d. i. den neuen Geistesschlüssel schmieden kann? Erst die Seele, die das zu vollbringen vermag, wird schon während ihres Erdenlebens imstande sein, die Pforte zu durchschreiten, die zurück zur Geisteswelt führt.

Das Spiel versetzt uns in eine noch weit vor uns liegende Zeit: es zeigt uns ein Zukunftsbild, wo alle Seelen schon während ihres Erdenlebens durch die Geistespforte (im Spiel die zum Tor erhobenen Arme der beiden Kinder) von der Erdenwelt zur Geisteswelt zurückkehren werden. Das „Einfangen" jeder einzelnen Seele, nachdem sie durch die Pforte gegangen ist, ist ebenfalls ein Bild für das Los, daß sich die Seele durch ihren Lebenswandel selbst geschaffen hat, ob als weißer oder als schwarzer Schwan... und das Spiel zeigt, wie dieses Los aussehen wird. Zwar gibt es verschiedene Möglichkeiten, das Spiel zu beenden. Am bekanntesten ist aber die folgende:

Das „gefangene", d. h. zwischen den nun gesenkten Armen der Torkinder stehende Kind, muß zwischen zwei Dingen wählen, die ihm von der Kindergärtnerin genannt werden: „Was möchtest du lieber: Apfel oder Birne?" Es muß vorher verabredet sein, welches Torkind die den „Apfel" gewählt habenden Kinder, und welches die „Birnen" annimmt. Hat das Kind gewählt, so stellt es sich hinter das betreffende Torkind und das Spiel beginnt von neuem, bis zuletzt alle Kinder gefangen sind und der Zug sich aufgelöst hat. Mit den beiden sich gebildet habenden Gruppen wird dann so verfahren: die Kinder, die das Tor bilden, nehmen zuerst die Birnen-Gruppe vor. Jedes dieser Kinder wird auf den nun zur Schaukel gesenkten Armen der Torkinder sanft hin und her gewiegt (!) und ebenso sanft abgesetzt. Die Kinder der Apfel-Gruppe aber werden, zwischen den Armen stehend, robust hin und hergerüttelt und dann mit einem leichten Schubs „hinausbefördert", wobei natürlich Übertreibungen zu vermeiden sind. Die beiden Früchte, Apfel und Birne, symbolisieren also „Engel" und „Teufel" oder auch „Himmel" und „Hölle".

Wenn es in diesem Spiel nach dem „Laßt durchgehn ..." weiter heißt: „Der Letzte wird vorn stehn" — kommt uns wohl ganz von selbst das Christuswort in den Sinn: „Aber viele, die da sind die Ersten, werden die Letzten, und die Letzten werden die Ersten sein ..." (Matth. 19, 30). Wir sehen also auch hier wieder eine Geisteswahrheit bildlich ausgedrückt, die uns hier zu der Frage führt: „Wer ist es, der „vorne" stehen wird? Wer wird zuerst durch die Himmelspforte gehen können? Und wir werden wieder daran erinnert, daß zum Öffnen der Pforte der Schlüssel nötig ist, von dem es im Spiel heißt, daß er „zerbrochen" sei und neu geschmiedet werden muß!

Wir erleben hier auf Erden fast täglich, daß der Zugang zum „Engelland" mit Hilfe eines „neuen Schlüssels" gesucht werden muß, und daß die Frage nach dem „Schmied", der diesen Schlüssel wiederherstellen oder neu anfertigen kann, eine sehr primäre ist. In Wirklichkeit aber muß jede Seele den Schmied in sich selber suchen. Jede Seele muß das eigene höhere ICH in sich suchen, das den neuen Schlüssel schmieden kann. Wir fühlen hier plötzlich, was das für ein Weg ist, der zu den höheren Welten hinführt, und der gesucht werden muß. Es geht hier nicht darum, daß man ja nach dem Tode „sowieso" ins Jenseits kommt, sondern um *den* Zugang zur geistigen Welt, der eben nur durch kraftvolles „Schmieden", d. h. durch eine vom ICH ausgeführte, eigene innere Seelen-Formung, wie sie z. B. auch im Spiel vom Spiegelein dargestellt wird, aktiv während des Lebens erobert werden muß. Es geht hier um die bereits *auf der Erde* zu erlangende *Geisteseinweihung*. Sie ist die gegenwärtig wichtigste Aufgabe jeder Menschenseele. „Es ist an der Zeit!", dieses Goethewort ist heute mehr denn je Mahnung und Hoffnung zugleich.

Über das Wesen des Geistes aber besteht seit mehr als zwei Jahrtausenden ein tiefer Irrtum, denn der Mensch von heute vermag diese göttliche Seinsform *im* Menschen nur noch in ihrer irdisch gewordenen und erstarrten Spiegelung zu sehen, die „Verstand" genannt wird, und er meint, in diesem Verstande das wahre, ganze Wesen des Geistes erfaßt zu haben. Dieses Mißverständnis, dessen Tragik noch verstärkt wird durch den modernen „Babelturm des Intellektes", schließt das Suchen nach einem Geistesweg im weiteren Sinne aus und verbarrikadiert diesen Weg nur noch mehr. Jene aber, die Christus ihrer Einfalt wegen „arm im Geiste" nannte (Matth. 5, 3) und sie, wegen ihrer Geistesarmut bewußt seiend, weder von Verstandeswahn noch Geistesdünkel (!) zurückgehalten, wirklich den Geist suchen konnten und suchen können, sind — wenn auch vielleicht noch ganz am Anfang — doch *auf dem Weg* zur Geisteswelt. Und so werden die wirklich „Armen im Geiste", die die Geisteswelt in echter Bescheidenheit suchen, den anderen, den „Verstandesmenschen", den „Schriftgelehrten" der Bibel, auf diesem Wege vorangehen: „der Letzte, der wird vorn stehn".

*

Hiermit schließen wir unsere Betrachtungen über die Zugspiele ab und hoffen, diesen Spieltyp mit den drei in diesem Zwischenkapitel besprochenen Spielen, die zwar alle drei Ausnahmen sind, von denen aber jedes auch etwas sehr Bedeutsames auf diesem Gebiet zu sagen hat, in etwas freier Weise, aber dennoch genügend charakterisiert zu haben.

VII. Weitere Spiele - und einige Betrachtungen darüber

Handwerk-Spiele. Die moderne Technik und die neueren
Handwerk-Spiele. Alte und neue Spiele
Selbst erdachte Spiele

Handwerk-Spiele

Es versteht sich von selbst, daß nicht alle Spiele einfach diesem oder jenem der drei Spieltypen zugeordnet werden können. Es gibt allerlei Zwischen- und Übergangsformen und auch völlig neue Motive, doch glauben wir mit dem KREIS, dem rhythmischen HIN-UND-HER-GEHEN und dem ZUG doch die drei Hauptmotive von Form und Bewegung wiedergegeben zu haben, aus denen dann auch die Spiele „dazwischen" als zusammengestellt und aufgebaut resultieren, wie wir das gerade deutlich bei den zuletzt besprochenen Spielen sehen konnten. Die Spiele nun, die ein bestimmtes Handwerk zum Ausdruck bringen, brauchen weder zu einem bestimmten, noch zum gleichen Formtyp gehören. Zwar ist bei den Handwerk-Spielen eine deutliche Bevorzugung der *Kreis*form zu erkennen, was daraus zu erklären ist, daß es bei diesen Spielen sehr oft darum geht, eine bestimmte Tätigkeit dem Kreis der Zuschauer vorzuführen, wobei dann oft noch diese „Zuschauer" in die auszuführenden Betätigungen mit einbezogen werden. So ergibt sich hier die Kreisform also von selbst.

Wir wollen uns aber auch noch anderen Besonderheiten, denen wir bei diesen Spielen begegnen können zuwenden, und wollen versuchen, das Charakteristische eines bestimmten Handwerks herauszufinden, um zugleich auch zu sehen, wie sich uns dieses Handwerk darbietet.

Gehen wir also gleich zu den Beispielen über, die direkt zu diesen Charakteristika hinführen.

Noch ganz in der Sphäre der Kleinsten bewegt sich das Liedchen „Beim Schmied":

> Ach, lieber Herr Schmied,
> um was ich euch bitt':
> Ich hab ein kleins Rößlein,
> vernagelts mir mit.

Drei Nägel, sechs Schlägel,
bum, bum, bum, bum, bum.
Drei Nägel, sechs Schlägel,
bum, bum, bum, bum, bum.

Man kann sehr gut ein kleines Spiel daraus machen, indem man die Kinder einen Kreis bilden läßt und drei Kinder in die Mitte stellt: den Schmied, das „Rößlein" und den Bauer. Während der Kreis das Liedchen singt, hämmert der Schmied mit einem Stück Holz (ein längliches Bauklötzchen ist gut dazu geeignet) auf der Schuhsohle des „Rößleins" und singt allein die beiden Zeilen „Drei Nägel, sechs Schlägel, bum, bum...", die dann der Kreis wiederholt. Es können aber diese vier Zeilen auch vom Kreis gemeinsam gesungen werden, falls für den Schmied nicht ein schon etwas größeres Kind genommen werden kann. Dann ist das Rößlein beschlagen und der Bauer galoppiert mit ihm aus dem Kreis heraus. Bei der Wiederholung werden drei neue Kinder für die Mitte bestimmt. Natürlich kann auch der „Bauer" allein die ersten vier Zeilen singen und dann der „Schmied" fortfahren. Diese Aufteilung ist dem Gutdünken der Kindergärtnerin überlassen und wird sich immer nach der Mentalität der Kinder zu richten haben.

Wir sagten bereits, daß die Handwerkspiele, obwohl sie mehr für die schon etwas größeren oder auch schon verständigeren Kinder in Frage kommen, meist als Kreisspiel gespielt werden. Dabei ist daran zu denken, daß „richtige" Arbeit ja auch mehr oder weniger an einem bestimmten Platz ausgeführt wird, und daß sie auch mitunter auf die Gemeinschaft mit anderen angewiesen ist. Durch dieses Gemeinschaftselement kommt nun auf einmal auch das Bewegungselement des Hin-und-Hergehens, also der Rhythmus des SOHNESprinzipes zur Mitwirkung. Zugleich führt — vor allem in den ausgesprochenen Handwerkspielen — die Intelligenz, die für die Ausübung eines Handwerks benötigt wird, und die ursprünglich etwas viel Höheres als nur menschliche Intelligenz ist, das Prinzip des GEISTES ein. Es können also Spiele dieser Art nicht einen vierten Haupttyp bilden. Bei den Handwerkspielen haben wir es viel mehr — wenn auch nicht der Spielweise, so doch ihrem übrigen Charakter nach — mit einer Art Zusammenfassung der drei Prinzipien, nach denen wir anfangs die Spiele einteilten, zu tun. Die echten Handwerkspiele, die — jetzt in erster Instanz — sich so ganz auf die irdischen Verhältnisse beziehen, gliedern auf diese besondere Weise das Drei-Einigkeitsprinzip in die irdische Gemeinschaft ein, wie das die wirklichen Handwerke ja auch tun. Und eben dadurch sind diese Spiele von so großer Bedeutung für das Kind! Sie tragen das *gemeinschaftliche Dreieinigkeits-Erleben*, das sich auf dem irdischen Arbeitsplatz darlebt, in Spielform an das kleine Kind heran: die tragende Gemeinschaft, die rhythmisch-lebendigen menschlichen Beziehungen und Verhältnisse, und die kosmische Intelligenz.

Die Handwerkspiele führen uns zur tiefsten Bedeutung der Arbeit überhaupt und stellen uns dadurch vor die Frage: *was bedeuten das Sehen und das Nachahmen der menschlichen Arbeit für das kleine Kind?*

Bereits vor ihrer Geburt hat die Menschenseele schauen dürfen, daß es die Arbeit ist, diese körperliche und geistige Arbeit, die der Mensch an der Erde und an sich selbst verrichten muß, seit die Arbeit infolge des Sündenfalls zu einer Notwendigkeit geworden ist. Sie sah aber auch, daß die Arbeit den Menschen befähigen wird, auf segensvolle Weise die Entwicklung von Mensch und Erde zu ermöglichen.

Seit dem Sündenfall haben Erde und Mensch sich dem Geist entfremdet, sind zu einer Geist-Entfremdung gekommen. Aber gerade diese Geistentfremdung, dieses nicht mehr vom Geist Geführtwerden, befähigte den Menschen, seine geistige Selbständigkeit, seine geistige *Freiheit* hier auf der Erde zu erlangen. Das Ich-Bewußtsein konnte seinen ersten, anfänglich noch zögernden Schritt in die Erdenwelt tun. Nun kann das Ich, bewußt an sich und an der Erde arbeitend und in Freiheit die Geisteswelt von neuem suchend, beide: Erde und Menschenwelt von der Erstarrung und der Geistentfremdung heilen.

Arbeit ist heilendes Genesen, ein Genesen, das hier bedeutet: *ein Sinnvollwerdenlassen desjenigen, das in Erstarrung geraten war,* ja, ein Sinnvollmachen der Erstarrung selbst! So, wie das Kette-Spiel uns erkennen ließ, daß es nicht der Sinn, nicht die „Absicht" der Weltentwicklung ist, daß alle im Persönlichen und im Gemeinschaftsleben gebildeten und entstandenen „Knoten" entwirrt oder gelöst werden, sondern daß viele von ihnen *gemeinsam* als „Knüpfarbeit" eine neue, der Welt dienende Aufgabe zu erfüllen haben, so muß auch dasjenige, was in der Welt erstarrt ist, durch die Arbeit in den Stand gesetzt werden, eine gerade durch diese Erstarrung möglich gewordene neue Aufgabe zu vollbringen. Der grüne Keim, der der Eichel entsprießt, muß einmal zu Holz erstarren, und der Mensch kann diese Erstarrung nicht rückgängig machen. Wenn aber der Zimmermann aus diesem Holz einen Tisch oder einen Altar anfertigt, dann macht er die Erstarrung des Holzes *sinnvoll,* dann „sublimiert" er sie zu irdischer und geistiger Dienstbarkeit. Das ist letzten Endes der Sinn und die Bedeutung jeder geistgewollten menschlichen Arbeit auf Erden, — und das gilt auch für unser irdisch gewordenes, erstarrtes Denken. Das frühere Im-Geiste-leben des Menschen ist zum heutigen irdischen Denken erstarrt. Doch es ist nicht unsere Aufgabe, dieses Denken träumend oder sinnierend und es der erworbenen irdischen Exaktheit entkleidend, wieder in das alte Im-Geiste-Verweilen zurückzubilden. Unsere Aufgabe ist, es *neu* zu beleben, indem wir es mit aller erreichten Präzision zu einer neuen lebendigen Geistverbindung bringen. Das ist möglich durch *geistig* heilende Arbeit. Es ist die *Sublimierung* unserer Geisterstarrung zur Exaktheit des Bewußtseins in einem neu zu entwickelnden Geistesleben.

Und da ist auch noch die an unseren durch Egoismus erstarrten Gefühlskräften zu verrichtende Arbeit, die nicht geschwächt oder zur Sentimentalität verweichlicht werden dürfen, sondern vielmehr so zur „Genesung" werden, d. h. einen neuen Sinn bekommen müssen, daß ihre *aus dem Egoismus entstandene irdische Realität* — jetzt aber von moralischer Wärme erfüllt — nach draußen gerichtet wird, hin zum Mitmenschen und zur Welt. So darf z. B. die Kindergärtnerin die Kleinen nicht nur „goldig" finden, was dann doch nur ein „Schwelgen in eigenen Gefühlen" wäre, sondern sie soll sie — mit nicht weniger Herzenswärme — mit *verständnisvoller Liebe zielbewußt leiten.*

Das kleine Kind trägt diesen alles einschließenden *Sinn* der menschlichen Arbeit schon verborgen in sich. Unsere Aufgabe ist es, das Kind auf die Erweckung dieses Sinnes später im vollen wachen Erdenbewußtsein vorzubereiten. Beim kleinen Kinde darf diese Vorbereitung aber noch nicht auf dem Wege über das Denken und Sprechen vor sich gehen; sie kann und darf nur über das *Tun* geschehen, was im Kindergarten auf besonders sinnvolle Weise durch das Nachahmen der menschlichen Tätigkeiten, wie z. B. in den Handwerkspielen, möglich ist. Später, in der Schule, erhält die Arbeit dann neben ihrer Spielform auch den ersten Einschlag *praktischer* Wirklichkeit; da vollzieht das Kind dann den allerersten Schritt vom Gebiet des noch kosmischen Spielens hinab zum Plan der irdischen Notwendigkeiten. Dabei beginnt dann auch das künstlerische Element eine Rolle zu spielen und allmählich kann dann auch, z. B. im Religionsunterricht oder bei sonstigen Gelegenheiten mit den Kindern auf phantasievoll-moralische Weise auch über die Arbeit gesprochen werden. Wieder später kommt dann das *Nachdenken* über die Arbeit hinzu, über das vom Bewußtsein geleitete und begleitete Arbeiten. Diese verschiedenen Entwicklungsphasen der Arbeit und das Bewußtsein *für* die Arbeit finden alle schon in den Bildern und dem bildenden Gestalten der Handwerksspiele ihre grundlegende Vorbereitung.

Indessen ist es nicht nur das Handwerk- oder sonstige Spiel, das diese so wichtigen Fundamente liefert. Auch das sich um das kleine Kind entfaltende Leben, das Tun und Lassen, die Verrichtungen der Erwachsenen, wirken als *Vorbild* in hohem Maße grundlegend auf das Kind. Sinnvoll, hingebend-schöpferisch, sei es als Eltern oder als Kindergärtnerin umsorgend, helfend tätig sein in seiner Umgebung, schaffen wir dem Kinde den nötigen Untergrund für ein später im Leben aufzubauendes moralisch-gesundes Verhältnis zur Arbeit. Sehr viel besagt in diesem Zusammenhang, daß — einem Hinweis Rudolf Steiners zufolge — „Geschickt-Sein" — im moralisch-praktischen Sinne des Wortes — aus einer in früherer Inkarnation erworbenen Religiosität resultiert. Im kleinen Kinde kann durch das moralisch-praktische „Auf-die-Arbeit-Eingestelltsein" der Erwachsenen seiner Umgebung, eine neue Religiosität aufgerufen oder eine alte, aus früheren Erdenleben noch vorhandene Geistverbundenheit wieder erweckt werden.

Durch die Handwerkspiele, aber auch durch das eigene Spiel des Kindes und durch das gute und richtige Vorbild der Erwachsenen kann im kleinen Kinde ein erstes, noch in Träume gehülltes Bildbewußtsein vom *Sinn* der Arbeit wachsen, das dann die Grundlage bilden wird für eine spätere Freude an der Arbeit und für das ihm völlige Bewußtwerden ihrer tieferen Bedeutung. Das Wort Be-ruf erinnert daran, wie man sich einstmals — mehr als das gegenwärtig noch der Fall zu sein pflegt — zu einer Arbeit, zu einem bestimmten Tun *aufgerufen*, be-rufen fühlen konnte[1]. Das sollte gerade heute wieder bewußt angestrebt werden, indem man im kleinen Kinde schon spielenderweise ein Bewußtsein für den Sinn und die Aufgabe jeder Arbeit erweckt und entwickelt.

Wir sehen, daß wir auch die praktische Seite der Arbeit niemals als rein äußerliches, materielles Tun betrachten dürfen. Im Gegenteil: sie hängt mit ihrer moralischen Bedeutung eng zusammen. Sie verdient unsere volle Aufmerksamkeit und muß respektiert werden, auch — und zu allererst — dem kleinen Kinde gegenüber. Und eben darum sind die Handwerkspiele so wertvoll und durch nichts anderes zu ersetzen, denn sie bringen — mehr oder weniger in ihrer Bildersprache verborgen — Sinn und Nützlichkeit der Arbeit, sowie die Tüchtigkeit des Handwerkers und des arbeitenden Menschen deutlich zum Ausdruck.

Ohne den Faktor der Nützlichkeit würde die Arbeit nie ganz eine

---

[1] Siehe: „Kinderwelt — Märchenwelt", Kapitel: Das kleine Kind und die Handwerke (S. 37).

irdische Angelegenheit sein können. Zwischen Kunst und Arbeit lassen sich zwar keine scharfen Grenzen ziehen, doch besteht zwischen beiden ein sehr wesentlicher Unterschied. Die Kunst sucht ja doch eigentlich von der Erde aus den Geist; die Arbeit aber realisiert geistige Schöpferkraft auf der Erde, und sie erreicht die Erde erst völlig in ihrer Dienstbarkeit. Und auch das kleine Kind sucht vom Geist aus die Erde, wenn es spielt, zeichnet, malt oder plastiziert. Der Tisch und der Altar, die der Zimmermann anfertigt, sind zum *Gebrauch* bestimmt und müssen diesem Zweck entsprechend hergestellt sein. Nicht der Kosmos, sondern die *Erdenwelt* soll durch die Arbeit „geheilt" oder „sublimiert" werden. Wie könnte also der Handwerker seine Aufgabe erfüllen, wenn er seinen Arbeitssinn nicht der Erde zuwenden würde, d. h. wenn sein Werk nicht auch praktisch und nützlich wäre. In einem holländischen Spiel, das dem deutschen „Ach, lieber Herr Schmied" sehr ähnlich ist, wird auf die Frage, wer denn dem Rößlein das Hufeisen „druntertut", geantwortet: „Das ist Jan, der Schmied, der kann das so gut", und damit wird auch zugleich auf die Tüchtigkeit des Handwerkers hingewiesen.

Eine wichtige Rolle spielen auch die Variationen, die vor allem in den Handwerkspielen angebracht werden können, um auch noch andere Berufe den Kindern nahe zu bringen, wobei man dann z. B. auch das in den Spielen meist etwas zu kurz kommende weibliche Element mehr in Erscheinung treten lassen kann. Man hebe diese Veränderungen und Neugestaltungen aber für das Schulkind auf und man führe sie in jedem Fall erst bei den schon etwas größeren Kleinkindern ein. Auf die sich noch bildende ätherisch-rhythmische Organisation des Kleinkindes würden sie nur chaotisierend und zerstörend wirken. Ein normales Kleinkind wünscht — soweit man hier von „wünschen" sprechen kann — solche Änderungen nicht. Es kann sie noch nicht verarbeiten. Es wünscht sich nur immer *dasselbe,* immer wiederkehrende Klangerlebnisse und Bewegungen, die eben durch ihre ständige Wiederholung erst ihre wahre Tiefe erlangen und zur ruhigen Bildung seines Rhythmischen Systems beitragen können. Sollten dennoch aus diesem oder jenem Grunde mehr Variationen erwünscht sein, dann sollte man sie durch die Wahl der Spiele zu finden suchen. Dabei ist allerdings auch wieder zu bedenken, daß eine zu große Anzahl dieser Spiele nachteilig auf das Kind wirkt. Man wird, wie bei den Märchen, auch hier stets wieder auf dieselben wenigen, guten, bekannten Spiele zurückgreifen müssen, um eine ruhige tiefreichende Verbindung mit ihnen möglich zu machen. Auch auf diesem Gebiet ist es richtiger, solche Variationen auf später, wenn das Kind etwa 6 bis 7

Jahre alt ist, zu verschieben, weil sie dann allmählich eine wichtige und schließlich sogar notwendige Rolle zu spielen haben.

Die moderne Technik und die neueren Handwerkspiele
Alte und neue Spiele — Selbst erdachte Spiele

Die Handwerke in ihrer ursprünglichen Form sterben mehr und mehr aus. Daß ein Kind den Arbeitsplatz eines Zimmermanns oder Schmiedes aufsuchen und ihnen bei ihrer Arbeit zuschauen kann — diese Möglichkeit besteht kaum mehr. Auch später wird das dann herangewachsene Kind nie mehr einen solchen Beruf in der alten Weise selber ausüben. Alles ist mechanisiert und technisiert worden. An die Stelle des Wagenbauers ist der Automonteur getreten, an die Stelle des Kutschers der Chauffeur, dessen Tun man kaum wahrnimmt. Wenn ein Baum gefällt werden muß, kommt statt des Holzfällers ein Mann mit einer kreischenden Motorsäge, die den vielleicht jahrhundertealten Riesen ohne geringsten Respekt mittendurch „säbelt", oder es kommt eine ehrfurchtslose Kraftinstallation, die das Naturwunder, das der Baum doch ist, mit brutaler Gewalt samt Stamm und allen Wurzeln aus dem Erdreich stemmt. Und so wird die menschliche Arbeit im großen wie im kleinen mechanisiert und brutalisiert — mit einem Wort: entmenscht.

Es wäre sinnlos, diesen Prozeß aufhalten zu wollen, da er unmöglich aufzuhalten ist. Nur eines ist sinnvoll: zu versuchen, ihn in positive Bahnen überzuleiten. Rudolf Steiner hat von einer Zukunft gesprochen, in der sich die Maschine und das Arbeiten mit der Maschine in mehr moralischem Sinne wird entwickeln müssen, — doch diese Zukunft liegt noch in weiter Ferne — erst wenn sie einmal Gegenwart sein wird, wird die Maschine gewiß auch für das Kind eine neue Bedeutung erlangt haben. Heute aber sehen wir uns vorerst noch vor zwei Fragen gestellt:

Wo kann das kleine Kind außerhalb des Elternhauses und des Kindergartens jetzt und weiterhin sehen und erleben, wie hingebungsvoll mit den Händen gearbeitet wird? Wo kann es noch einen Beruf ausüben sehen, der innerlich diesem Wort entspricht?

Die zweite Frage: Welche Bedeutung können die alten Handwerkspiele, die nur noch eine innere, nicht mehr aber eine äußere Realität bildlich darstellen, heute noch für das kleine Kind haben? Müßten sie nicht allmählich durch neue ersetzt werden, die dem Bilde der gegenwärtigen Arbeitsverrichtungen besser entsprechen?

Die erste Frage ist nur dahin zu beantworten, daß zu hoffen ist,

daß das, was in den letzten Jahren als häuslich-künstlerisches Sich-
Beschäftigen, als „Hobby" aufkam, mehr und mehr Eingang finden
möge in das Familienleben, und daß es immer intensiver ausgeübt
werde, damit die durch die Technisierung aller Beschäftigungen, alles
Tuns im Haus und anderswo um das Kind entstandene Leere mit
neuen menschlich-lebendigen Tätigkeiten ausgefüllt wird; Beschäftigungen, bei denen man von innen her in dem aufgeht, was man tut!

Falls diese „Haus-Arbeit" weiter entwickelt und angepaßt werden
könnte, scheint Hoffnung zu bestehen, daß in naher Zukunft das
Kind zuhause und in seiner Umgebung — bei aller Bescheidenheit
dessen, was zustande gebracht wird — wirklich lebendige Arbeit um
sich her verrichten sieht. Mag diese intime schöpferische Arbeit auch
etwas anderes sein als die Arbeit des einstigen Handwerkers, der tüch-
tig und geschickt im ureigensten Sinne des Wortes mit seinen Händen
werkte, — so hat sie doch ihre eigenen Qualitäten der Nähe und Ver-
traulichkeit und kann statt der Passivität, zu der der Mensch bei der
Verwendung der immer vollkommeneren technischen Apparaturen
verurteilt ist, ein neues hingebungsvolles Streben in dem so auf Nachahmung eingestellten kleinen Kinde wecken und somit von größter
Bedeutung für es sein. Ein verlorengegangener Baustein, den es zu
seiner Charakterbildung und für seine Zukunft benötigt, kann — in
neuer Form — auf diese Weise wiedergefunden werden.

Hinsichtlich der zweiten Frage müssen wir zuerst wiederholen, daß
die alten Handwerke ja nur äußerlich, nicht aber innerlich ihre Bedeutung verlieren. Sie haben Ur-Charakter und bleiben im innersten
Wesen jedes Menschen weiter bestehen. Sie enthalten eine so tiefwur-
zelnde Lebens- und Heilkraft des Menschen in seinem Verhalten zur
Erdenwelt, daß man gerade darum die alten Spiele noch lange Zeiten
mit den Kindern spielen kann. Der hämmernde, der knetende, der die
Tiere versorgende Mensch, sie alle sind Ur-Motive in der Entwicklung von Mensch und Menschheit und als solche unvergänglich. Sie
bleiben tiefe Wirklichkeiten für das Kind, auch wenn es sie niemals
wahrgenommen hat und sie niemals wahrnehmen wird. So wird
man auch in den Spielen — hoffentlich noch bis in die fernste Zukunft — den Schmied, den Bäcker, den Zimmermann, den Holzhacker
und ebenso die Waschfrauen, den Bauer und die Bäuerin darstellen
lassen können ohne sie zu modernisieren.

Gottseidank! Wie sollte man auch das kleine Kind einen Baum-
durchsäger oder Baumausreißer darstellen lassen können oder einen
Schmied, der durch einen Hebeldruck seinen elektrischen Hammer
betätigt! Bei den Waschfrauen müßte man sogar noch weiter gehen

und die Kinder eine Waschmaschine darstellen lassen! Das moderne Handwerk verliert seinen Bildcharakter, den das alte Handwerk noch in so starkem Maße besaß und ist dadurch vorerst noch nicht dazu geeignet, als Stoff für neue Spiele zu dienen. Uns Erwachsene aber stellt die moderne Technik vor ein Zeitproblem, das „gemeistert" werden muß, und wir können nur versuchen, ihrem erstarrenden Einfluß zu trotzen, indem wir umso tatfreudiger aus dieser Prüfung hervorgehen. Ein kleines Kind jedoch würde bei einer solchen Konfrontierung mit der Technik, die sowieso viel zu früh an es herankommt, unvermeidbar sehr viel seines inneren Lebens einbüßen müssen. Wir werden abzuwarten haben, wie sich die Zukunft der Technik entwickelt und können vorläufig nichts anderes tun als hoffen und darüber wachen, daß die alten Handwerkspiele ihren immer „mystischer" werdenden Inhalt auch weiterhin vermitteln und ihre wichtige Rolle erfüllen dürfen, bis sich einst in der Zukunft neue Möglichkeiten in der Berufswelt auftun werden. Das umso mehr, da die jüngst geborenen Kinder meist schon ganz auf die modernen Verhältnisse eingestellt sind; Kinder, die nur noch Interesse für Autos und Rennwagen haben, die das Starten einer Mondrakete nachahmen und deren Vorstellungen sich mit Raumfahrt und Atomkraftwerken beschäftigen! Auch wenn uns diese so wenig kindgemäßen Dinge zuweilen erschrecken, so müssen wir hier doch im besten Sinne des Wortes Realisten sein; und wenn dieses moderne Spielen mit Hingabe geschieht, werden wir es bestimmt nicht verbieten dürfen. Natürlich ist davon abzuraten, Kleinkindern Spielzeug aus Kunststoffen zu geben, statt aus edlem, naturgewachsenem Holz, oder die Phantasie der Sechsjährigen sich schon mit den technischen Problemen der Raumfahrt beschäftigen zu lassen. Wenn aber das Kind nun mal sein Spiel auf diese Gebiete ausdehnt und ihm seine Seele verpfändet hat, wird es — sicherlich nicht im negativen Sinne — auch hierbei etwas Großes erleben. Auch ein Plastik-Auto stellt ein Fahrzeug dar und ist als solches, auch wenn sein Material noch so tot ist, jedem anderen Fahrzeug gleichzusetzen, und es wird vom Kinde unbewußt als Bild eines ganz anderen Fahrzeuges: jenes, das seine Seele durch das Leben trägt, seinen Körper — empfunden. Und läßt sich nicht tatsächlich unser Ich von Körper und Seele, als seinen „Fahrzeugen", die ansteigenden Wege des Lebensschicksals bergauf tragen? Einmal beobachtete ich Kinder, die winzige Plastik-Autochen auf einen kleinen Erdwall hinaufschoben. Sie gingen völlig darin auf, stundenlang — und ich fühlte, diese Kinder bringen ohne es zu wissen zum Ausdruck, wie sie dereinst im eigenen Leben ihre Seele den „Berg" von Anstrengung und Schwierigkeiten erklimmen lassen werden. Soll man sie an dieser innerlich so konkreten, die eigene Seelenentwicklung intensivierenden Symbolhandlung hindern, nur wegen des ihnen nicht zuträglichen toten Materials? Wenn jemand auf eine wackelige Leiter steigt, um etwas höher Befindliches zu erreichen, wird man ihm raten, eine festere zu benützen. Hat er die schwankende Leiter aber schon bestiegen und sein Ziel beinahe erreicht, wird man diese gebrechliche Stütze nicht unter ihm wegziehen. Ist nicht also auch eine elektrische Leitung eine Wegverbindung, die Licht geben und Licht bringen soll, so wie in Zukunft das Geisteslicht unter die Menschen und zum Aufleuchten gebracht werden muß? Sind Telefon und Radio nicht Bilder für die einstmals bestanden habende und ebenso für die zukünftige, neu zu erwerbende Gemeinschaft im Geiste? Auch vom Fernsehen ist selbstverständlich etwas dieser Art zu sagen. Man wird zwar noch nicht so bald wirklich gute Kreis- und andere Spiele von diesen modernen Kommunikationsmitteln erfinden können, aber wer weiß: vielleicht werden die kleinen Kinder uns auf die hier beschriebene Weise selbst noch einmal den Weg einer sinnvollen Verbindung mit der Technik in Spielform weisen, und vielleicht werden phantasiebegabte Kindertanten, indem sie diese Hinweise aufnehmen, es verstehen, neue Möglichkeiten für neue Spiele zu schaffen.

Nun wollen wir hier noch einige neuere Handwerkspiele anführen, bei denen wir einerseits das alte kosmisch-webende Element der früheren Spiele vom stets zunehmenden Realismus verdrängt sehen, in denen jedoch andererseits noch immer die Ruhe einer Zeit atmet, die die moderne Technik nicht kennt. Diese Spiele bieten zumindest die Möglichkeit, gute, alte Berufe spielend darzustellen und sie tun dies sogar in stärkerem Maße als die alten Spiele. Die ältesten dieser Spiele, die man eigentlich noch nicht im späteren Sinne des Wortes „Handwerkspiele" nennen kann, entstanden wahrscheinlich zu einer Zeit, als die Menschen ganz allgemein noch ein mehr oder weniger träumendes Bewußtsein hatten und ihre Arbeit daher noch als eine Art freudvolles „künstlerisches Traumspiel" betrieben. Wie könnte man sich also gedrängt fühlen, aus einem solchen „Traumspiel" ein realistisches Spiel zu machen?

Wir beginnen mit dem bereits erwähnten holländischen Spiel vom *Schmied.*

Die Kinder bilden einen Kreis, in dessen Mitte der „Schmied" steht. Während dieses Kind mit einer Hand die rhythmische Bewegung des Hämmerns ausführt, singen alle zusammen, ohne jedoch mitzuhämmern:

Bin ich nicht ein tüchtiger Schmied,
der mit Fleiß sein Brot verdient?
Alle Tage dröhnet früh bis spät —
alle Tage, wie es sich gehört:
das rickernde, tickernde pickernde Tick!

(Bei späteren Wiederholungen kann beim Hämmern auch gesungen werden: „ ... das bummernde, rummernde, trummernde Bum!".)

Nachdem der Vers gesungen ist, sagt der Schmied, zu den Kindern gewendet: „Tag, Jan!". Die Kinder antworten: „Tag, Schmied!" Dann fragt der Schmied: „Schafft ihr auch so mit dem Hammer wie ich?" Und die Kinder antworten: „Ja, Schmied!".

Nun wird das Liedchen wiederholt, wobei der Schmied wiederum mit seiner Faust hämmert, was die Kinder im Kreis, gemeinsam singend, nun ebenfalls tun.

Nach diesem Schmieden und Hämmern wird vom Schmied eine neue Frage gestellt: „Schafft ihr auch mit *zwei* Hämmern, so wie ich?" — „Ja, Schmied!" Dann wird wieder der Vers gesungen, wobei nun der Schmied und die Kinder mit beiden Fäusten hämmern. So geht das Spiel weiter und es wird hintereinander mit *drei* Hämmern (zwei Fäusten und einem Fuß), mit *vier* Hämmern (beiden Fäusten und beiden Füßen) und schließlich mit *fünf* Hämmern (Nicken mit dem Kopf als fünftem „Hammer") gepocht, womit dann das Spiel zu Ende ist.

So gespielt, ist es noch lange kein modernes Berufsspiel, sondern vorwiegend noch ein Bewegungsspiel, bei dem es mehr um die rhythmischen Bewegungen als um die Darstellung des Handwerks geht. Es ahmt nicht nur einfach die Realität nach, sondern geht mehr vom rhythmischen Aufbau aus und zeigt darin, wenn auch vorerst nur im Frage- und Antwortcharakter, noch etwas vom Hin-und-Her-Prinzip. Es vereint in dieser Form also das VATER- mit dem SOHNES-Prinzip. Durch dieses Vorherrschen des Rhythmus verrät dieses noch gar nicht so alte Spiel noch deutlich seinen Zusammenhang mit älteren und tieferen Quellen.

Unter Wahrung der so schönen und wirksamen, immer sich wiederholenden Fragen und Antworten, lassen sich auch andere Variationen des Hämmerns ersinnen, wobei dann eventuell der Schmied auch diesen oder jenen Gegenstand als „Hammer" gebrauchen kann. So könnte z. B. die zweite Frage des Schmiedes lauten: „Könnt ihr auch so *laut* hämmern wie ich?" Dann: „Könnt ihr auch so *leise* hämmern wie ich?" Oder: „ ... so *langsam* (oder *schnell*) hämmern wie ich?" Vielleicht aber auch: „Könnt ihr ein Pferd beschlagen wie ich?"

Oder „ . . . am Blasebalg ziehen wie ich?" usw. . . . usw. Das alles sind Verrichtungen, die, obwohl sie der Vergangenheit angehören, doch für das Kind etwas Unvergängliches bedeuten.

Es sei hier noch ein anderes holländisches Spiel angeführt, das ebenfalls noch nicht alt, aber doch ein Berufsspiel ist, bei dem wiederum der Handwerksmann, hier ein Bäcker, seine Arbeit angesichts der ihn im Kreis umstehenden „Zuschauer" verrichtet. Diese singen, während sie den Bäcker seinen Teig kneten sehen, die ersten zwei Zeilen. Dann antwortet, dabei weiterknetend, der Bäcker mit den folgenden fünf Zeilen, worauf alle Kinder, jetzt gemeinsam knetend, die Schlußzeile singen.

Die Kinder im Kreis:

> „Sag, Bäckersmann, was tust du da?
> Bäckst du wieder was Leckeres, ja?

Der Bäcker:

> Ich knete den Teig für das Roggenbrot
> Und werk seit dem frühen Morgenrot.
> Das ist kein so leichtes Schaffen.
> Wasser und Mehl müssen durcheinand'
> und werden zusammen zu Teig gebannt:
> *Das* tu ich hier — das seht ihr.

Alle zusammen:

> Kneten, kneten, kneten
> den Teig fürs Roggenbrot.

Wenn dann die Kinder im Kreis wieder die ersten zwei Zeilen gesungen haben und der Bäcker mit den nächsten fünf Zeilen geantwortet hat, kann er fortfahren: „Dann schieb ich den Teig in den Ofen" und er kann vormachen, wie er ihn hineinschiebt. Bei der nächsten Wiederholung kann er singen: „*So* hol' ich das Brot aus dem Ofen" und zeigen, wie er es herausholt. Und zum Schluß kann er singen: „Und nun lassen wir es uns schmecken!", wobei alle Kinder das Essen des Brotes andeuten und sich dabei voller Wohlbehagen aufs Bäuchlein klopfen: „So gut schmeckts!" Natürlich wird bei diesen verschiedenen Verrichtungen des Bäckers die letzte Zeile von allen Kindern wiederholt und sein Tun von ihnen nachgeahmt, und selbstverständlich wird bei einer Wiederholung des ganzen Spieles ein anderes Kind der Bäcker sein dürfen.

Zum Schluß nun noch die Darstellung eines ausgesprochen weiblichen Berufes: das Spiel von den „Waschfrauen". Die Kinder stehen im Kreis und fassen mit den Händen ihre Röckchen. Bei den ersten zwei Zeilen tippen sie abwechselnd, erst mit der rechten, dann mit der linken Fußspitze im Takt des Liedes auf den Boden und singen zusammen:

> Zeigt her eure Füße,
> zeigt her eure Schuh'
> und sehet den fleißigen
> Waschfrauen zu ...
> Sie waschen, sie waschen,
> sie waschen
> den ganzen Tag.

Bei diesem „sie waschen" wird das Waschen von allen Kindern gemeinsam ausgeführt, und zwar wird die Wäsche wie früher auf einem Waschbrett „gerumpelt". Ebenso werden alle in den folgenden Versen angeführten Verrichtungen vorgeführt: das Auswringen, das Aufhängen, das Rollen, das Plätten der Wäsche. Wenn es dann im 6. Vers heißt: „Sie ruhen, sie ruhen den ganzen Tag" werden die zusammengelegten Handflächen an die rechte Wange gehalten und so das Ruhen oder Schlafen angedeutet. Im 7. Vers heißt es dann: „Sie tanzen, sie tanzen den ganzen Tag." Dabei fassen sich immer zwei Kinder an den Händen und drehen sich auf dem Platz lustig herum. Damit endet das Spiel.

Es scheint mir nicht unwesentlich darauf hinzuweisen, daß dieses „Zeigt her eure Füße..." auf eine Zeit deutet, wo die Frauen und auch die kleinen Mädchen noch so lange Kleider trugen, daß sie diese anheben mußten, wenn sie dem Tun der Waschfrauen zuschauen wollten; die aber mußten sogar ihre Röcke hochbinden, denn damals war das Waschen der „Großen Wäsche" ja noch eine sehr nasse Angelegenheit. Da standen die Frauen vor ihren großen Waschzubern, und um sie herum war der Steinboden ihrer „Waschküche" naß vom überfließenden Wasser der Spültröge. Darum heißt es auch in einer vielleicht noch älteren Version dieses Spieles am Anfang:

> „Habt acht auf eure Füße,
> habt acht auf eure Schuh'..."

Und so wie an diesem kleinen Beispiel läßt sich bei intensivem Einfühlen in die Spiele oft an kleinen Nebendingen die Zeit abschätzen, in der sie entstanden.

Obwohl das Spiel von den Waschfrauen ein relativ neueres ist und uns ganz real vorführt, was alles von den Frauen getan werden muß, damit die Wäsche, die Kleidung, wieder sauber und rein wird, läßt es uns doch tiefere Hintergründe erkennen. Wir wollen uns aber jetzt auch noch fragen, was die Dinge im innersten Wesen des Kindes bewirken. Es geht dabei also nicht darum, was sie „bedeuten", sondern was sie für das Kind „tun". Das Spiel beginnt ja mit der Aufforderung, die *Füße* und die *Schuhe* vorzuzeigen. Wird hierdurch nicht zugleich auch der tief in seinem Leben verankerte, lange schon vor der Geburt gefaßte Willensbeschluß zum Vollbringen des jetzt vor dem Kinde liegenden „Lebenswandels" angesprochen? Selbst wenn sich das ganz im Unterbewußtsein abspielt? Und sind es nicht die Füße, mit denen das Kind ganz real seinen Lebensweg gehen muß? Wir Erwachsene sollten versuchen, hier den großen Übergang: vom *Gedanken* an eine „Symbolhandlung", zum *Miterleben* der innerlich lebendigen Wirklichkeit zu vollziehen, die sich hierin ausdrückt. Es sind ja doch die Gliedmaßen, in denen das Willensprinzip zum Ausdruck kommt. In unseren Gedanken spiegelt sich nur die *Vorstellung* des Willens. Der Wille selbst lebt in den Gliedern. Dieses Willensprinzip nun, das *vor* der Geburt die Impulse aufnahm um sie später zu formen bis in die im Leben auszuführenden Wege und Taten, bis zu den zu vollbringenden Aufgaben und Handlungen, dieses Willensprinzip, das im Kinde noch mit einer so sprühenden Kraft lebt, äußert sich besonders stark in seinen Gliedmaßen. Und so ist dieses „Vorzeigen" der Füße dem Kinde nicht eine abstrakte Symbolik: es ist ihm ein *direktes* innerliches und äußerliches Betontwerden dessen, worin die für das Leben mitgebrachten Impulse wurzeln und womit der Lebens*weg* tatsächlich vollbracht werden muß: die Gliedmaßen und die Füße. Das Betonen der Füße oder von etwas, das mit den Füßen zusammenhängt, finden wir außer in diesem Spiel ja auch beim Sacktüchlein-Spiel, wo die ein gutes Unterkommen suchende Seele zwei Paar Schuhe erwähnt, die sie gemacht hat. Und im Märchen von Aschenputtel hören wir, daß der (Geistes-)Vogel auf dem Bäumchen am Grab der Mutter dem Mädchen außer den beiden (Seelen-)Gewändern auch ein Paar Schuhe schenkt. Jene Gaben, die es zum Prinzen (zu seinem ICH) führen werden. Und welche besondere Rolle spielt dabei gerade der eine Schuh! Und schließlich: lassen wir nicht am Sankt Nikolaustag das Kind seine Schuhe vor den Kamin oder vors Fenster stellen, in die der Heilige seine kleinen Beiträge zu einem guten *Lebenswandel* hineingibt? Läßt uns nicht sogar auch unsere Sprache „auf gutem Fuß" miteinander leben?

Die nächste und größte, alle anderen Aufgaben in sich vereinende Lebensaufgabe im verborgenen Erleben des Kindes, ist die Läuterung der Seele oder anders ausgedrückt: die Veredlung, die „Reinigung" der „Hüllen", von denen der Wesenskern, das ICH umgeben ist. Die Seele als „Ich-Umkleidung" muß im Leben veredelt und gereinigt werden. Um dieser „Geistkleid-Reinigung", dieser Seelen-Läuterung willen, — um diese Aufgabe zu vollbringen, kommt der Mensch auf die Erde herab. Als ewige „Seelen-Waschfrauen" gehen wir von Leben zu Leben. Das kleine Kind hat eben erst von neuem ein Leben begonnen, und bei jeder körperlichen Reinigung, die es an sich erfährt oder selbst vornehmen muß, wird in seinem Seelenleben diese schlummernde Aufgabe, die innere Läuterung, angesprochen und belebt. Diese Aufgabe findet in der durch die Handlung bildlich vollzogenen Erfüllung ihre Resonanz. Und in besonderer Weise geschieht das bei dem Spiel der Waschfrauen.

Bezüglich des Spiels als Ganzem ist zu sagen: spielend werden „Lebenswille" und „Seelenläuterung" im inneren Erleben des Kindes zu einer Einheit, zu einer Ganzheit miteinander verknüpft (!). Das Spiel vollzieht sich jedoch auch im Gebiet der Intelligenz, oder anders gesagt: Wollen, Fühlen und Denken, die vor der Geburt drei getrennte Prinzipien waren, vereinigen sich im Spiel zu einem Ganzen. Und dieser große Verbindungsprozeß des Lebens, der die kosmischen Kräfte von Wollen, Fühlen und Denken auf der Erde zusammenfügt, ist es, den das Spiel in seiner Gänze zum Ausdruck bringt und den das Kind unterbewußt, doch gerade darum noch viel direkter und viel wirksamer durch das Spiel in seinem tiefsten Ursprung erlebt.

Was wir als ein allgemeines Prinzip für die Berufsspiele fanden: die „Zusammenfassung" der drei Seelenfunktionen des Menschen auf der Erde, vollbringt dieses Spiel in besonderem Maße und auf seine eigene, ausgesprochene Weise.

Ein den „Waschfrauen" ähnliches Spiel, aber ein Frage- und Antwort-Spiel, ist das überall bekannte: „Was der Bauer alles tut". Auch hier führen die Kinder die einzelnen Verrichtungen des Bauers pantomimisch aus: das Säen, das Mähen, das Dreschen des Korns, usw.

Ein älteres Handwerkspiel ist auch „Wer will fleißige Handwerker sehn?". Auch bei ihm werden die für jeden der genannten Berufe typischen Handbewegungen ausgeführt. Die Spielweise ist die gleiche wie die allseits bekannte von „Was der Bauer alles tut".

Alle diese und ähnliche Spiele werden von den etwas größeren Kindern begeistert und mit großer Ausdauer gespielt. Sie regen ihre Vorstellungskräfte an, rufen Seelenvorgänge in ihnen auf, die zu Bildern werden, die sie dann mittels ihrer Hände und Füße in einem traumbewußten Willensakt tatfreudig in ein ganz reales Tun umsetzen, in dem sie sich ihre Umwelt erleben.

So sind diese Spiele die großen Helfer, die das heranwachsende junge Menschenkind sorglos-spielend, doch voller tiefer Weisheit hinüberführen in das eigentliche Leben.

VIII. Das gesunde langsame Erwachen des kleinen Kindes aus seinem Kleinkindtraum

Was haben dabei die Märchen und Spiele für eine Aufgabe?
Das soziale Verhalten in den Spielen

Wenn man die Traumverbindung des kleinen Kindes mit seiner vorgeburtlichen Welt zu empfinden vermag und imstande ist, zu beobachten, wie es mittels dieses Traumlebens seinen Geistesinhalt mit der es jetzt umgebenden Welt zu verbinden sucht, wird man auch spüren, daß man diesen langsamen Entwicklungsprozeß nicht beschleunigen darf. Und man wird verstehen, daß die Spiele und Märchen weder die Aufgabe haben, noch in dem Sinne angewendet werden dürfen, daß sie das kleine Kind aus seinen Träumen, das in aller Realität ein „Sich-Wachträumen" ist, wecken sollten. Ihre Aufgabe besteht allein darin, dieses Erwachen, das beim gesunden Kleinkind gegenwärtig sowieso schon viel zu schnell geschieht, in gesunder Weise sich vollziehen zu lassen. Sie bieten dem Kinde die Substanz, die es braucht, um inmitten all der gegenwärtig sich so überhastenden Einflüsse und Verhältnisse, ruhig *aus seinem eigenen Wesen heraus* den Weg, die richtige Art und das richtige Tempo für dieses Erwachen zu finden. Diese Substanz besteht u. a. aus den Geistes-Bildern und Bild-Handlungen, die sie bieten und die es dem Kinde ermöglichen, seinen eigenen kosmischen Besitz darin unterzubringen, darin zu „verankern" und so mit der Erde zu verbinden. Ein Hafen zwingt ein Schiff nicht, in ihn einzulaufen, aber er bietet ihm mit seinen Lichtsignalen die Möglichkeit, *sicher* einzulaufen und bei drohendem Unwetter Schutz zu suchen. Für das höhere ICH des Kindes und dessen kosmische „Ladung" sind Märchen und Spiele solch ein Hafen.

Wir haben in den vorigen Kapiteln von den verschiedenen Einflüssen gesprochen, die besonders auf die kleineren Kinder ausgeübt werden können, so z. B. vom es zu stark aktivierenden Rhythmus, vom zu schnellen und zu bewußten Mitlaufen in einem Zugspiel, vom Selber-Bedenken und Vormachen von „Manieren" und Gesten, usw. Doch waren dies immer nur ungünstige Faktoren, die einem nicht völlig dieser Altersstufe Entsprechen dieser Spiele zuzuschreiben sind, und die daher bei der Wahl der Spiele immer nur auf ein Minimum beschränkt werden sollten. Das gilt besonders auch für jene Kinder, die in einer Umgebung leben, in der sie außer den bereits mehrmals erwähnten ungünstigen Einflüssen auch durch ein vorzeitiges Aufnehmen von Kenntnissen, die für ältere Kinder (Geschwister!) bestimmt sind, durch ein zu frühes Sich-orientieren-Müssen an häuslichen Gegebenheiten und Zusammenhängen, durch ein Nichtverstandenwerden ihrer Wesensart und vielem anderen — ihres wahren Kleinkindseins mehr und mehr beraubt werden. Daß ihnen dabei meist auch die Märchen vorenthalten bleiben, ein gesundes Spielen oft nicht möglich ist, — das alles schafft um und in dem Kinde eine Leere, die seine Aufmerksamkeit für all das Geistlose, das ihm statt dessen entgegenkommt, immer mehr veräußerlicht. Wenn wir einem solchen Kinde langsam und mit echter Einsicht die entbehrte, wahre Kleinkind-Umgebung schaffen und ihm dabei auch die Spiele und Märchen zugute kommen lassen, kann es vor dem verfrühten und forcierten Erwachen behütet werden. Die Geisteskeime aus der vorgeburtlichen Welt, die es in seiner „kargen" Umgebung verlieren mußte, werden dann wieder aufleben können. Sie bekommen einen „Nährboden", auf dem sie „wurzeln" und wachsen können. Wie die Pflanze, so hat auch die Seele zu ihrer Entwicklung und ihrem Gedeihen ein ruhiges, bestimmtes Tempo nötig.

Eine solche gesunde und gesundende Umgebung kann ein kindgemäß und „kind-bewußt" geleiteter Kindergarten den jungen Menschenseelen schaffen. Bei aller Lebendigkeit geht von ihm eine beruhigende Wirkung aus, die das zu rasche Tempo des Erwachens mit Hilfe von Märchen und Spielen mäßigt und zur so notwendigen gesunden Langsamkeit — oder noch genauer gesagt: Allmählichkeit zurückführt.

Das soziale Verhalten in den Spielen

Unter den weckenden Faktoren in den Spielen gibt es einige, die diese Tendenz weniger deutlich erkennen lassen. Sie äußern sich etwa darin, daß sie das Kind zur „Aufmerksamkeit", zur Rücksichtnahme anderen gegenüber, also zu einem sozialen Verhalten erziehen wollen. Das Kind wird vielleicht dazu angehalten, einem anderen Platz zu machen, es vorangehen zu lassen, links oder rechts zu gehen, usw. Diese im praktisch-sozialen Sinne weckende Elemente wollen wir noch einmal kurz vom Gesichtspunkt der verschiedenen Altersstufen betrachten. Bei Schulkindern, also in einem Alter, wo das Kind in seinen Beziehungen zur Umwelt schon mehr aus sich herausgeht, sind praktisch-soziale Impulse und Forderungen oder Erwartungen absolut am Platze. Auch bei Kindern von 5 bis 6 Jahren sind sie in den Spielen durch ihren hier noch so ganz unbeabsichtigten, unaufdringlichen Charakter verantwortbar. Bei den Kleinsten jedoch liegt die Sache anders. Meist wird das kleine Kind auch in dieser Hinsicht viel zu früh den Größeren gleichgestellt. Das von ihm geforderte „praktisch-soziale" Sicheinstellen auf die Umgebung ist etwas, das dem kleinen Kinde noch nicht gemäß ist. Das seelische Gebiet, das diesen Forderungen entspricht, schlummert noch in ihm und muß auch noch in dieser Ruhe verweilen, will man das Kind nicht abermals eine Phase seiner Entwicklung überschlagen lassen, die genau so wichtig wie alle anderen seines jungen Lebens für es ist.

Ein kleines Kind ist vor allem ein *Sinnesorgan-Wesen*[1]). Das widerspricht nicht seiner noch so tiefen Verbundenheit mit der Geisteswelt. Es beweist im Gegenteil sein typisches Zugleichleben in diesen zwei Welten umso deutlicher. Die Menschenseele kommt auf die Erde, um als erstes wahrzunehmen, wie die *Erdenwelt* den *Geist* offenbart (weil sie das später einmal *begreifen* muß). Das kleine Kind nimmt also — zwar unterbewußt, aber doch umfassend — die Geist-Offenbarungen in seiner Erdenumwelt wahr. *Darum*, und nicht aus bloßer Neugier(!), gebraucht es seine Sinnesorgane so intensiv, so „gierig", und darum ist es auch richtig und so notwendig, daß es das tut. Indem es die Dinge mit *seinen* Augen sieht, mit *seinen* Ohren hört, öffnet es ihnen seine Seele ohne zu wissen, was die Dinge ihm geistig offenbaren. Es ist das, was wir früher bereits den „Janusblick" des kleinen Kindes nannten, und er ist es, der das Kleinkind ständig sehr große Dinge an der Erdenwelt, oder konkreter: an der Umwelt erleben läßt: die Umwelt bringt dem kleinen Kinde diese Dinge *entgegen*. Das Umgekehrte jedoch: das Sich-selbst-beim-Spiel-in-die-Umwelt-Versetzen, d. h. in die *Situation*, in das *andere* Kind, ist etwas, das für dieses Alter noch nicht „an der Zeit" ist. Wenn es das kleine Kind trotzdem zustandebringen muß, geschieht es auf Kosten der viel größeren und jetzt für das Kind noch so notwendigen *geistigen* Erlebnisse und Offenbarungen. Es wird gewissermaßen durch diese Dinge immer wieder abgelenkt und weggerissen von seinen eigenen innersten Wahrnehmungen und Beobachtungen.

---

[1]) Rudolf Steiner: „Die Erziehung des Kindes vom Gesichtspunkte der Geisteswissenschaft".

Bezogen auf das Gebiet der Spiele bedeutet das: wenn ein kleines Kind ganz und gar aufgeht in der tiefen Geistsymbolik, die z. B. der von Kindern gebildete *Kreis* oder die „Berge und Täler" im Spiel („Muß wandern, muß wandern . . .") ihm vermitteln, dann wird es, wenn es außerdem auch noch darauf achten soll, seine Ärmchen hochzuheben oder gar etwas vorzumachen, aus seinem kosmischen Geist-Erleben heruntergezogen auf ein Gebiet, das noch nicht sein Geistgebiet ist, das einen sozialen Charakter hat, dem sich seine Seele noch nicht öffnen kann. Wie beim Rhythmus, so ist es auch hier wieder das zu einem aktiven Mitempfinden- und zu eigener Aktivität-Kommen, das dem so jungen Kinde auf diesem Gebiet eben noch völlig unmöglich ist. Auch hier wieder ist das *Umgebensein*, das Wahrnehmen, das Erleben dessen, was um es herum ist und geschieht (jetzt die sozialen Handlungen und Verhältnisse), außerordentlich wesentlich für das Kind, wenn es nur nicht zu eigenen, bewußt gewollten sozialen Aktionen überzugehen braucht. Das kleine Kind muß — im oben genannten Sinne — noch ganz träumend-egozentrisch sein können, wobei indessen sein ICH nicht ego-, sondern „kosmozentrisch" ist: es lebt noch im Kosmos und sucht *von da aus* die Erdenwelt.

In der Praxis wird man natürlicherweise nicht immer auf alle diese besonderen Punkte achten können. Doch es geht hier vor allem darum, zu wissen, daß es falsch ist, zu glauben, das kleine Kind müsse aus seinem Geist-Erleben geweckt werden, — und daß dieses Wecken auch nicht auf sozialem Gebiet erlaubt sein darf; daß es immer schädigend wirkt, solange man es mit gesunden Kindern zu tun hat.

Nach dem bereits früher hierüber Dargelegten möchten wir an dieser Stelle noch darauf aufmerksam machen, daß heute mehr und mehr der große Irrtum begangen wird, einem kleinen Kinde schon Lesen und Schreiben oder andere Schulkenntnisse beizubringen, weil man der Meinung ist, dem Kinde damit einen guten Dienst zu erweisen. Was man dabei aber im Seelenwesen des Kindes anrichtet und vernichtet, wird nicht wahrgenommen, da die anfangs „positiven" Resultate optimistisch stimmen. Wenn dann später Schwierigkeiten, Einseitigkeiten oder Verkümmerungen in der Entwicklung des Kindes auftreten, wird man deren Ursache am allerwenigsten in der zu frühen Intellektualisierung des Kindes suchen wollen. Vor solchen schwerwiegenden Irrtümern, deren katastrophale Folgen sich erst in Jahrzehnten zeigen werden, bewahrt man sich und das Kind nur, wenn man sich Einblicke in die geistigen Hintergründe des Lernens und Spielens erwirbt und das Kindeswesen in seinem langsamen Hineinwachsen und Hinein-Erwachen in die Erdenwelt zu begreifen vermag.

So wird man auch den vielen, in den Spielen sich auswirkenden günstigen und ungünstigen Faktoren gegenüber das nötige Bewußtsein entwickeln müssen, um auch deren Wirklichkeit und Ernst einsehen zu lernen und sie richtig handhaben zu können. Wir dürfen nicht vergessen, daß auch bei ihnen die Folgen der unerwünschten Einflüsse vorerst verborgen bleiben. Erst das ernsthafte Suchen nach dem vorgeburtlichen Wesenskern des Kindes kann ein Bewußtsein wecken für die Notwendigkeit des natürlich-langsamen Erwachens der Seele, das ein Mitführen ihrer Begabungen und Inhalte ermöglicht.

Doch sei immer wieder daran erinnert, daß bei allen unseren Betrachtungen vom *gesunden* Kleinkind ausgegangen wurde. Sobald es sich um einen vom gesunden Verhalten abweichenden Fall handelt, verändert sich natürlich das Bild völlig. Wenn ein Kind an Rachitis leidet, wenn es hysterisch oder überempfindsam ist, wird, sei es durch medizinische oder heilpädagogische Behandlung, eine Förderung des Erwachensprozesses nicht nur selbstverständlich, sondern unter Umständen sogar notwendig sein.

Nachdem bereits mehrmals das gesunde, dem ungesunden Erwachen aus dem Kleinkindtraum gegenübergestellt wurde, wollen wir uns jetzt mit dem *individuellen Charakter* und dem *individuellen Tempo* dieses Erwachens beschäftigen. Wir werden versuchen müssen, den Erwachensprozeß eines jeden kleinen Kindes erkennen zu lernen, und bei jedem *gesunden* Kinde werden wir sein ihm eigenes Tempo beobachten müssen und es prinzipiell als karmisch bedingt respektieren lernen. Je nach den momentanen Verhältnissen wird dieses eigene Tempo dann sorgfältig vor Übereilung und Forcierung behütet werden müssen: zwei Übel, die von überallher diesen Prozeß bedrohen.

Eine hierbei auftauchende Frage ist: wie verhält sich das *Temperament* des Kindes zum Tempo seiner Entwicklung? Dem Temperament, das ja ebenfalls karmisch bedingt ist, soll ja doch, soweit dies möglich ist, zu einem gewissen Gleichgewicht, zu einer gewissen „Normalisierung" verholfen werden"[1]).

In diesem Zusammenhang sei hier nur gesagt, daß man für dieses Ins-Gleichgewicht-bringen des Temperamentes (das übrigens erst nach dem Zahnwechsel richtig in Erscheinung tritt) dem Kinde vorerst mit einer vom selben Temperament bestimmten Behandlung begegnen muß. Daß man also z. B. ein phlegmatisches Kind nicht zu größerer Lebhaftigkeit oder einem schnelleren Lebenstempo anspornen wird, sondern ihm gerade mit möglichst viel Phlegma begegnen soll. Der Unterschied, um den es hier primär geht, ist jedoch, daß das Tempera-

---

[1]) Rudolf Steiner: „Die Erziehung des Kindes vom Gesichtspunkt der Geisteswissenschaft".

ment zur leiblich-ätherischen *Hülle* der Seele gehört, die im Erdenleben so gesund und so ausgeglichen wie nur irgend möglich erhalten
werden muß, während das Erwachen aus dem Geistestraum ein
Prozeß ist, bei dem nur *vom Geist aus* alle für das Leben notwendigen
Phasen richtig, d. h. jede zu ihrer Zeit und jede nach ihrer Art, sich
vollziehen können, was jedoch nur möglich ist, wenn jedwede Beschleunigung vermieden wird.

Wenn man das langsame Erwachenstempo eines bestimmten Kindes behutsam-tastend als seinem Wesen entsprechend karmisch-gesund
und als notwendig zu empfinden vermag, zeigt sich dabei noch etwas
anderes, das uns mit tiefem Respekt und großer Ehrfurcht gerade dieser Langsamkeit gegenüber erfüllen kann. Denken wir dabei an die
Quellen der Märchenweisheit, so stellt sich die Frage ein, welche Per-
sönlichkeiten es in der Welt dieser alten Mären sind, die sich als die
wirklich größten offenbaren, die König oder Königin werden und die
die größten Taten verrichten. Sind das nicht oft gerade diejenigen,
die am Anfang des Märchens der „dumme Bruder" oder die „dumme
Schwester" waren: jene, die wegen ihrer Langsamkeit und Welt-
fremdheit, wegen ihrer Torheit oder verträumten Unbeholfenheit von
den anderen verspottet und mißachtet werden, die aber — wenn ihre
großen verborgenen Geistesgaben, die sie anfangs den irdischen Verhältnissen fremd gegenüberstehen ließen, zu ihrer Entfaltung kamen
— ihre wahrlich großen Aufgaben erfüllen konnten.

Selbstverständlich müssen langsam erwachende Kinder nicht auch
die jüngsten einer Familie sein. Doch machen sie ihrer Langsamkeit
oder Verträumtheit wegen häufig den Eindruck als seien sie „dumm"
oder „träge". Infolge ihrer kosmisch-geistigen Weitgespanntheit brauchen ihre Seelen viel Zeit, bis sie ihre Geist-Erlebnisse mit der Sinneswelt identifizieren können, und oft gelingt ihnen das nur nach müh-
samen, mitunter schmerzlichen Erfahrungen. Es fällt ihnen schwer, sich
auf die für sie so begrenzten Erden- und Lebensverhältnisse einzustel-
len. Viele Prüfungen müssen sie bestehen, viele Anstrengungen auf
sich nehmen, bevor sie ihre reichen Geistesgaben unversehrt in das
enge Erdenleben hineinbringen können. Und so sind es die wirklichen Geistes-Großen, die — wie im Märchen — fast immer einen
weitgespannten „Kindertraum" zu durchleben haben und durchleben
müssen, damit sie geistig voll ausgerüstet ihre hohen Lebensaufgaben
zu vollbringen vermögen.

Würde man nun aber bei einer solchen Persönlichkeit, die sich in
ihrer Kindheit als „dumm" darlebt, versuchen, ihren langsamen Ent-
wicklungs- und Erwachensprozeß zu „normalisieren", also zu be-

schleunigen, — was würde man damit erreichen? Bezogen auf die Welt der Märchen würde das bedeuten, daß z. B. in dem Grimm'schen Märchen „Die drei Federn", der jüngste, „dumme" Sohn des Königs die „Wachheit" seiner beiden älteren Brüder zwar erreicht hätte, und daß er — nun nicht geleitet von den Kindheitskräften der „Itsche" (der Amphibie!), die zugleich Liebes- und Verehrungskräfte sind (dem Vater gegenüber) — sich ebenso „verständig" verhalten haben würde wie seine Brüder, was hier bedeutet: geistes-arm und egoistisch-phantasielos, und daß also seine Gaben für den Vater auch nur mit so wenig Liebe ausgewählt worden wären und in ihrer Einfallslosigkeit und Häßlichkeit ebenso wenig eines Königs würdig gewesen wären wie die seiner Brüder. Er hätte nicht „hinabsteigen" können zum Reich der „Itsche", dem Urquell aller Weisheit (dem „Reich der Mütter" im „Faust"!) und er hätte niemals die „richtige Braut" (die entzauberte junge Itsche), die schließlich selbst noch eine Prüfung bestehen muß, gefunden, die wahre Seelenbraut, die an seiner Seite Königin werden konnte in seinem Reich, „das er lange in Weisheit regierte". Kurz gesagt: das Märchen würde kein Märchen mehr sein, und die Hauptfigur — der junge „dumme" Königssohn — würde *seinen* wahren Weg ins Leben nicht gefunden haben und *seine* Aufgabe nicht erfüllt haben können.

So verhält es sich auch mit einem Kinde, das karmisch einen langen, ruhigen Kleinkindtraum braucht, dessen Dauer man aber durch irgendwelche Methoden oder Mittel zu „normalisieren" versuchen würde.

Dieses schöne Märchen zeigt uns eine Fülle von Motiven, die wir von den Spielen her kennen. Darum sei hier etwas ausführlicher auf den Inhalt eingegangen.

Der alte König, der sein Ende herannahen fühlt, will sein Reich demjenigen seiner drei Söhne geben, der ihm für seine Nachfolge als am geeignetsten dafür scheint. Und so sagt er: „Ziehet aus, und wer mir den feinsten Teppich bringt, der soll nach meinem Tod König sein." Wohlgemerkt: es soll der „feinste" Teppich sein, nicht etwa der schönste! Ein feines Gewebe also, ein edles *Knüpfwerk!* Ein Karma-Gewebe edelster, feinster Art! — Dann führt der König seine Söhne vor das Schloß und bläst drei Federn in die Luft: „Wie die fliegen, so sollt ihr ziehen." Die der beiden Brüder fliegen nach Osten und Westen, die des Jüngsten flog nicht weit, sondern fiel bald zur Erde ... Die Federn erinnern uns an den Seelenvogel, den „weißen Schwan", der im Spiel zurück nach „Engelland" die Seelen geleitet. Im Märchen fliegt die dritte Feder nicht weit ... der „dumme" Königssohn ist diesem Reich noch sehr nahe, und darum findet er auch den Zugang zum Reich der Itsche, das mit einer „Falltür" verschlossen ist. O, wie leicht kann sie vorzeitig zufallen oder zugeworfen werden ...! — Als der König die Söhne ein zweites Mal ausschickt, sollen sie ihm einen Ring bringen. Und wieder fällt die Feder dicht vor dem Jüngsten nieder. Wieder hilft die Itsche und gibt ihm einen herrlichen Ring aus Gold und Edelsteinen für den Vater. Und wieder ist es ein Hinweis auf den Karma-Kreis, der uns in den Spielen so oft begegnet. Zuletzt sollen die Söhne die schönste Frau heimbringen ... Auch das gelingt dem Jüngsten mit Hilfe der Itsche: er findet die echte Seelenbraut.

Gerade an diesem Märchen zeigt sich also besonders deutlich, wie wesentlich es ist, zu wissen, wie — und ob man Spiele mit den Kindern spielt, um sie — sozusagen — „gesund" wachzu*machen*, oder ob man sie spielt, um dem Kinde die Möglichkeit zu geben, sich mit Hilfe des ihm gemäßen Tempos selbst wachzu*träumen*.

Und noch auf einen weiteren, sehr wichtigen Punkt muß hier hingewiesen werden. Es ist gegenwärtig ein vielseitiges Streben nach Erneuerung und Vertiefung des Lebens zu beobachten. In der Kunst, der Wissenschaft, der Pädagogik: überall sucht man nach neuen Wegen. Doch es ist nicht das, was sich jetzt als immer wichtigere *Menschheitsaufgabe* herauskristallisiert: das durch innere Schulung bewußte und direkte Wiederaufsuchen der Geisteswelt. Ein Beispiel auf dem Gebiet der Kindererziehung mag es verdeutlichen: Solange man das kleine Kind nicht bewußt aus seinem vor der Geburt liegenden Geistes-Ursprung zu begreifen sucht und nicht zu fühlen oder zu beobachten vermag, daß der Herzader des Geistes, die das Leben durchzieht, und daß dem Kinde aus diesem Geistesbronnen von der anderen Seite des irdischen Lebensbeginnes nichts entgegengebracht wird, solange wird jedes scheinbar noch so bahnbrechende neue pädagogische Prinzip, wie gut und schön es auch gemeint sein mag, doch von sehr zweifelhafter Bedeutung für die Entwicklung des Kindes sein. Wir führten bereits aus, wie z. B. das Vorenthalten von Märchen und das Verbot, Märchen zu erzählen („damit das Kind vor diesen ‚unwahren' und oft ‚schaurigen' Geschichten bewahrt bleibt"), — wie auch das frühe Lesen- und Schreibenlernen des Kleinkindes („damit es seine Entwicklung so früh wie möglich beginnen kann") Prinzipien dieses Jahrhunderts sind, denen mehr noch als sonst gerade jetzt weite Kreise huldigen, die aber von einem tieferreichenden spirituellen Gesichtspunkt aus als unglückselige Störungen der gesunden geistigen Entfaltung des Kindes anzusehen sind. An Beispielen wie diesen zeigt sich, daß das Einführen von Neuerungen, wenn diesen ein echter geistiger Ursprung fehlt, nicht nur unvollkommen bleiben müssen, sondern auch tief bedauernswerte Folgen haben kann. Das allein schon beweist, *wie* notwendig das bewußte Wiederaufsuchen der Geisteswelt für die Menschheit wird.

Jahrhunderte hindurch hat dieses Sich-vom-Geiste-Abwenden auf so gründliche Weise stattgefunden und ist die Entfremdung vom lebendigen geistigen Denken so groß geworden, daß alle Versuche zur Wiedergewinnung einer direkten Verbindung mit dem Verlorengegangenen ein fruchtloses Tasten im Dunkeln bleiben müßte, wenn die Geistwelt nicht von sich aus ihre Führung anbieten würde. Dies geschieht durch den Gottesdienst und die kirchlichen Feste. Doch nicht allein durch sie, sondern auch durch viele Mythen, in denen wie später in den Märchen, die nötigen geistigen Impulse und die geistigen Hintergründe des Lebens dem Menschen nahegebracht werden. Mächtige Impulse gingen z. B. im 18. und 19. Jahrhundert von Goethe aus und von der gesamten Geistesströmung, die sich um ihn bildete, und die man gemeinhin als „Goetheanismus" bezeichnet.

Im Beginn unseres Jahrhunderts wurde diese Entwicklungsströmung durch Rudolf Steiner in völlig neuer, noch umfassenderer und zugleich exakt geisteswissenschaftlicher Form fortgesetzt.

Im Sinne dieser Entwicklung werden wir bestrebt sein müssen, uns Fähigkeiten zu erwerben, die uns zum Wesen des kleinen Kindes Zugang finden lassen. Wir werden versuchen müssen, das kleine Kind im Lichte des ganzen Himmels- und Erdenlebens und zugleich auch der gesamten Menschwerdung sehen zu können, um die echte und volle Bedeutung der Kleinkindphase zu erkennen und um uns die Voraussetzungen für die auf seine innere Entwicklung gerichtete, fruchtbarste Behandlung des Kleinkindwesens anzueignen.

IX. Rhythmus und Religion

Das Element des Rhythmus im Gottesdienst
Nochmals die Bedeutung des Kreises
War das Kreisspiel ursprünglich ein Mysterienspiel?

Auf die Frage, welche Rolle wohl das rhythmische Element in den verschiedenen Formen Gott oder den Göttern zu dienen, spielt, wird man vielleicht zuerst an die kultischen Tänze und Bewegungsformen primitiver, noch in alten Vorstellungen lebender Völker denken: an kultische Indianertänze um den Totempfahl, an die rhythmischen Verrichtungen eines Medizinmannes oder an die, Krankheiten beschwörende Handlungen asiatischer Zauberer. Vielleicht stellt man sich darunter sogar etwas sehr Finsteres vor, wenn man z. B. an die Mutproben-Tänze der Dajaks im Innern Borneos denkt, die als Vorbereitung für eine Kopfjäger-Expedition dienen. Kurzum, man wird sehr bald zu „primitiven", zu dekadenten oder sogar wilden, vielleicht bösen, schwarzmagischen Vorstellungen kommen. Würde man aber auf die Frage, welche Rolle der Rhythmus im Christentum spielt, an einen christlichen Gottesdienst denken, so käme man sofort zu völlig anderen Vorstellungen.

Wir sahen, wie der Rhythmus seinem wahren Wesen nach etwas sehr Großes und Fundamental-Aufbauendes ist. Doch auch das Größte und Erhabenste kann, falsch oder am falschen Platz angewendet, sich ins Niederste verkehren. „Vom Erhabenen zum Lächerlichen ist nur ein Schritt", sagt das Sprichwort und wir könnten hinzufügen, daß dieser *eine* Schritt auch zum Bösen und Finstersten führen kann. Die eitle Anwendung des Namen Gottes führt zum Fluch. — So sahen wir bereits, wie die an sich so schönen und gesunden Rhythmen in den Spielen ungünstig wirken, wenn sie das Kind zu früh zu einem aktiv-rhythmischen Sich-Bewegen, zum „Tatrhythmus" wecken. Und genau so werden wir auch den aggressiv-aufpeitschenden, mitunter sogar unmißverständlich bösen Charakter, den der Rhythmus — besonders bei kultischer Anwendung — annehmen kann, als eine Verkehrung ins Negative des seiner wahren Bestimmung nach göttlich großen Wesens des Rhythmus sehen müssen.

Was wäre die Welt ohne diesen göttlichen Rhythmus? Rhythmisch ist der Herzschlag des gesamten Weltgeschehens, der gesamten Weltenentwicklung. Rhythmisch verläuft der Gang von Sonne, Mond und Planeten auf ihren Himmelsbahnen, rhythmisch vollzieht sich die Aufeinanderfolge der Jahreszeiten. Der Rhythmus pulsiert im Blut und in der menschlichen Seele; er wogt durch alles, was lebt und durch alles, was Kunst ist ebenso wie in Ebbe und Flut. So zeigt sich uns das wahre große Wesen des Rhythmus in allem, was sich leiblich und geistig entwickelt und auch in dem, was zum Höchsten und auch zum Verborgensten führen kann: zu Christus, der segnend lebt in den *guten* Rhythmen.

Wie könnte daher ein Gottesdienst wirklich teilhaben können an Christus, dem Herrn des Rhythmus *ohne* Rhythmen? Würde das Christentum ohne Rhythmen nicht zu einem einseitigen, einem theoretisch-abstrakten „Glauben" werden, statt ein lebendiger Gottes*dienst* zu sein? So wie unser Körper nur durch die Körperrhythmen — durch Herzschlag und Atemholung — teilhaben kann am Leben der Seele, so kann auch unsere Seele nicht ohne die Seelenrhythmen teilhaben am Leben des Geistes. Und so tragen die christlichen Gottesdienste *alle* mehr oder weniger deutlich das rhythmische Element in sich.

So durchdrungen von den im Christus lebenden Weltenrhythmen, kann es uns tief berühren, wenn wir hören, daß es einmal so etwas wie ein „Mysterien-Kreisspiel" oder einen „kultischen Reigentanz" gegeben hat, den, einer apokryphen Mitteilung zufolge, Christus am Vorabend der Kreuzigung mit seinen Jüngern vollzogen zu haben scheint[1]). An diesem letzten Lebensabend des Christus bildeten die Jünger, sich an den Händen fassend, einen Kreis um Christus, worauf dieser sprach: „Antwortet mir stets mit ‚Amen!'" Dann stimmte er eine gesprochene oder gesungene Hymne an: „Ehre sei Dir, Vater!"... „Und wir", so erzählt Johannes, der Evangelist, „liefen im Kreise herum und anworteten „Amen!"... „Und Ehre sei Dir, Logos!"... „Amen!"... „Ehre sei Dir, Geist! Dir heiliger Geist!"... „Amen!" ... und immer so fort. Und jedesmal sagte Christus: „Wer nicht an diesem Spiel teilnimmt, hat keinen Teil an mir."

Die Verwandtschaft dieses Christus-Reigens mit den Kinder-Kreisspielen scheint so groß, daß man geneigt sein könnte, in ersterem den Ursprung der alten, heute noch gespielten Kreisspiele zu sehen. Doch dürfen wir nicht vergessen, daß dieser Reigen am Vorabend der Kreu-

---

[1]) Wilhelm Michaelis: „Die apokryphen Schriften zum neuen Testament", Kapitel: Johannes-Akten. Reigen und Hymnus am Vorabend der Kreuzigung Jesu.

zigung Jesu als etwas Einmaliges stattgefunden hat. Selbstverständlich darf dieser Reigen auch nicht als ein Kreisspiel im Sinne des hier besprochenen VATER-Typs angesehen werden, da außer der Anwesenheit des Christus-Jesu selbst, auch durch den stark hin-und-hergehenden und wechselseitigen Rhythmus das SOHNES-Element ganz besonders deutlich betont ist. Wir haben hier also gleichzeitig die denkbar deutlichste Darstellung des rhythmischen „Hin-und-Herprinzipes", das wir als zum Prinzip des SOHNES gehörend sahen, und das Auftreten der Kreisform, die beim Kinderspiel meistens den VATER-Charakter andeutet. Verständlich wird diese (scheinbare) Zweiheit, wenn wir daran denken, daß das rhythmische Hin-und-Hergehen im Kinderspiel, wenn auch beherrscht vom SOHNES-Prinzip, doch zwischen Menschen geschieht und darum von zwei gleichartigen, sich aufeinanderzu bewegenden Reihen ausgeführt wird. Im Reigen um den Christus aber spielt sich der gegenseitige Kontakt direkt ab zwischen der Menschheit und dem Christus. Und da Christus in diesem „Spiel" der zentrale Mittelpunkt ist, bekommt dieses Hin-und-Her von Rede und Gegenrede doch die Form eines Kreisgeschehens, eines Kreisens um einen Mittelpunkt, wie etwa die Planeten um die Sonne kreisen. Durch die Gegenwart Christi wird hier die von uns versuchte Einteilung der Spiele durchbrochen, und so sehen wir hier ein vom SOHNE beherrschtes Kreisspiel vor uns.

Die Frage, ob die Kinderspiele möglicherweise aus alten Mysterienspielen oder Mysterienquellen entstanden sein könnten, wobei wir u. a. an die Sonnenwende-Mysterien der alten Germanen denken oder an sonstige alte Quellen, müssen wir im Rahmen dieser Betrachtung dahingestellt sein lassen. Ihre bisweilen deutlich spürbare Verwandtschaft mit alten Mysterienhandlungen, wie wir sie in dem Beispiel des Apostelreigens um den Christus sahen, lassen uns jedenfalls einen sehr alten, tiefen Ursprung dieser Spiele vermuten.

X. Die Aufgabe der heutigen Kindergärtnerin

Wenn wir uns die Kindergärtnerin von heute vergegenwärtigen — ihre Aufgabe und ihre Arbeit — so kommen uns dabei die verschiedenartigsten Gedanken und Empfindungen. Noch vor wenigen Jahrzehnten gab es sie in der heutigen Bedeutung noch kaum, diese „Kindertante", deren Arbeit heute von außergewöhnlicher Wichtigkeit für das ganze weitere Leben des Kindes ist, deren Aufgabe jedoch als Folge von Tatsachen nötig wurde, die zwar nicht zu ändern sind, aber eben doch wehmütige Erinnerungen aufrufen.

Vor kaum einem halben Jahrhundert wurden die Kinder ja meistens noch daheim von der Mutter versorgt. Sie lebten im Elternhaus, im Kreise der Geschwister. Sie sahen alles, was die Mutter im Haushalt tat, sie sahen den Vater aufs Feld oder zu seiner Berufsarbeit gehen, und die Geschwister spielten mit ihnen. Sie sahen den Spielen der Größeren zu und ahmten ihr Tun nach.

Gehen wir noch weitere fünfzig Jahre zurück, so kommen wir in die Zeit der legendären Großmutter, die im Lehnstuhl sitzend, ihren Enkelkindern Märchen erzählte. Oft gesellten sich noch die Nachbarskinder dazu, die auch bei allen Spielen in Hof und Garten dabei waren.

„Welch ein Paradies für die Kinder!", denken wir unwillkürlich, und wir spüren beinahe etwas wie ein leises Heimweh im Gedenken an diese Zeit. Doch das bringt uns keinen Schritt weiter in unserem Verhältnis zur Gegenwart. Es ist eine vergangene Zeit, diese „gute alte Zeit" — und sie kehrt nie mehr zurück, und das einzige, was wir tun können, ist, zu versuchen, eine „gute neue Zeit" zu schaffen. Denn trotz der vielen Dinge, die sich seit jener guten alten Zeit in wenig günstiger Weise für die Kleinen verändert haben, ist es doch bei dem nötigen Verständnis für die sich aufdrängenden Fragen in vielen Fällen möglich, diese ungünstigen Veränderungen in günstige zu verwandeln, die den Weg zu neuen Möglichkeiten aufzeigen.

Wichtig ist hierbei, den Kindergarten von heute und die Bedeutung der Kindergärtnerin unter diesem Aspekt zu sehen. Auf dem Hintergrund jener „idealen Vergangenheit" betrachtet, werden uns beide natürlicherweise im ersten Augenblick kaum als etwas anderes als gewissermaßen „forcierte Neuerungen" erscheinen. Statt des Kindes, das unter Mutters Obhut spielte, das Großmutters Märchen lauschte und vielleicht Vaters Arbeit zuschaute, hat man es jetzt zu tun mit dem aus dem häuslichen Zusammenhang herausgelösten Kinde, das — oft genug unter Lebensgefahr — über verkehrsreiche Straßen zum Kindergarten gebracht wird und dort mit vielen anderen, anfangs ihm völlig fremden Kindern zusammenkommt. Und wo die dem Kinde so innigwarm-vertraute Großmutter von einst ersetzt wird durch eine junge Leiterin, die „Tante", die zwar schwierige Examen bestehen mußte und viel weiß von Erziehungskunde, von Pädagogik, die sich aber gerade durch das viele Wissen erst einmal — und das ist kaum zu vermeiden — umso mehr entfernt hat von dem früheren instinktiv-begreifenden Gefühlsverhältnis zwischen Großmutter und Kind.

Dieses instinktive Verstehen, das die Großmutter von ehedem besaß, bezog sich ganz speziell auf jenes Wesensgebiet des kleinen Kindes, das der moderne Erwachsene, von Ausnahmen abgesehen, nicht mehr kennt und mit dem die offizielle Pädagogik auch nicht mehr rechnet: das in der Seele des Kindes noch „wesende" vorgeburtliche Geistleben, das den tiefsten Wesensinhalt des Kindes ausmacht und der wahre Nahrungsboden ist für dasjenige, was sich in Zukunft an Seelenkräften in ihm entwickeln können soll.

Es hätte keinen Sinn, dieses Verhältnis der Großmutter zu diesem Seelengebiet des Kindes in der alten instinktiven Form zurückwünschen zu wollen. Es würde ein Zurückfallen in ein Altes bedeuten, das niemals zur Grundlage für eine fruchtbare, in die Zukunft weisende Entwicklung werden könnte.

Wenn aber die Kindergärtnerin es als ihre einfach-natürliche Aufgabe sehen oder vorerst einfach nur als schlummerndes Zukunftsziel fühlen könnte, den verborgenen Wesensquell des Kleinkindes aufzusuchen, sich in die Herkunft seiner Seele zu vertiefen, dann würden sich sowohl für sie wie für das Kind neue Möglichkeiten für ein solches Verständnis ergeben.

Will man ein Kind, das zur *Schule* geht, richtig verstehen und behandeln, so muß man das Milieu kennen, aus dem es kommt. Dies ist eine der ersten und wichtigsten Voraussetzungen dafür. Beim *Kleinkind* jedoch ist außer der Kenntnis seines häuslichen Milieus ein vorsichtig-tastendes, fragend-begreifendes Forschen nach dem viel größeren „Familienkreis" eine erste Notwendigkeit, nämlich dem seines vorgeburtlichen „Geistesmilieus", dem die Seele des Kindes entstammt. Wenn die Kindergärtnerin diese Notwendigkeit zu empfinden vermag und sie akzeptieren kann, wird sie den Weg zu einer neuen, innerlich wahren und lebendigen Kinder-Führung zu finden wissen und sich ihm vertrauensvoll zuwenden.

Das Suchen und Streben nach diesem Neuen sollte auf völlig freie, unforcierte Weise geschehen, und es darf in keiner Hinsicht der warmen Herzlichkeit, die sie den Kindern entgegenbringt, Abbruch tun. Unsere Überlegungen, unser „Zurück-Lauschen" nach dem, was die Kinder uns entgegenbringen, müssen wir daheim, in der Familie vornehmen. Wenn wir alle, die wir verantwortlich sind für die Zukunft unserer Kinder, so in der Stille und jede Forcierung vermeidend, einfach nur *versuchen*, ebenfalls diesen neuen Weg zu finden, wird dies schon, wenn auch anfangs noch verborgen, zu guten Resultaten führen.

Unter den heutigen Zeitverhältnissen wird es einer Kindergärtnerin kaum möglich sein, ihre Spielschule vor den immer krasser und aggressiver sich auswirkenden Einflüssen der modernen Welt zu bewahren. Und so empfindet man umso tiefer die innere Tragik der heute allgemein-gültigen Kinder-Führung, die jenes Suchen nach dem aus dem gegenwärtig herrschenden geistigen Tiefpunkt wieder herausführenden und emporführenden Wege vermissen läßt. Wir denken dabei an jene Kindergärten, wo man die Kleinen damit beschäftigt, Papierdeckchen zu flechten, quadratische Klötzchen zusammenzupassen, wo man sie Märchen und mitunter sogar Spiele entbehren läßt, ihnen dafür schon Schulkenntnisse beibringt, sie regelrecht unterrichtet und sie auf diese Weise samt und sonders ihres echten Kind-Seins beraubt. Als um ihre tiefsten Geistesgaben betrogene Seelen werden diese Kinder durchs Leben gehen müssen, ohne jemals das Verlorene zurückfinden zu können. Und da es eben gerade dieses aus der vorgeburtlichen Welt stammende Geistesgut ist, das später hätte heranreifen sollen zu der Geisteskraft und Weisheit, die einmal die Zukunft der Menschheit formen helfen will und soll, ist kaum zu ermessen, von welcher Weltbedeutung der schicksalhafte Lebensprozeß ist, den Millionen am Anfang ihres Lebens stehende Kleinkinder infolge einer sie seelisch-geistig so verarmenden „Erziehung" erfahren müssen.

Die geistige Leere, die durch den in der frühen Jugend erlittenen Verlust entsteht, und die weder durch Studium oder Kultur, ja nicht einmal durch tiefste Verinnerlichung wieder aufzufüllen ist, rächt sich das ganze Leben hindurch. Sie führt nicht selten zu den vielfältigen Formen von Nihilismus, Areligiösität und wissenschaftlicher Geistverleugnung, wobei noch nicht einmal an deren Folgen im täglichen Leben gedacht zu werden braucht, wie etwa zunehmender Alkoholismus, anwachsende Kriminalität, Rauschgiftsucht und hemmungsloses Ausleben des Geschlechtstriebes.

Wo aber das tiefere Verständnis eines suchenden Erwachsenen hilft, die Lebensader des Kindes: seinen Kleinkindtraum vor Zerstörung zu behüten, wo bewußt angestrebt wird, mit Spielen und Märchen, mit Singen und gemeinsamem Fröhlichsein in einer geistig-warmen „blühenden" Führung, diesem Traum die Möglichkeit zu bieten, sich eine innerlich ruhig sich vollziehende und vollständige Verkörperung auf der Erde zu verschaffen, da wird der echte Weg in die Menschheitszukunft gebahnt.

Wie der erwachsene Mensch in der Welt steht, und was er in ihr zu verrichten vermag, hängt in hohem Maße davon ab, wieviel und was er in seiner Kleinkindzeit an Geistsubstanz in die Erdenwelt mitbringen konnte. Und das wiederum wird sehr entscheidend bestimmt durch die Führung, die ihm als kleines Kind zuteil wurde. Wir spüren, wie bedeutungsvoll, nicht nur persönlich, sondern für die Menschheit im allgemeinen und als Ganzes, es für *jeden* Menschen ist, diesen oben beschriebenen neuen Weg nicht nur zu suchen, sondern auch zu *gehen*.

Das Kleinkind von heute lebt in einer völlig anderen Welt als das Kind von damals — und keine Großmutter jener Zeit, die ihm einst eine so ideale Voraussetzung für seine Entwicklung schaffen konnte, würde heutzutage imstande sein, das Kind vor den Gefahren, die es jetzt bedrohen und attackieren, zu behüten und ihm inmitten all dieser Bedrohungen, inmitten aller es umgebenden Unruhe doch in völliger Ruhe dasjenige zu geben, was es nötig hat. Dazu ist *heute* eine *bewußte Seelenschulung*, wie wir sie nun immer wieder aufgezeigt haben, notwendige Voraussetzung.

Rudolf Steiner hat die Ärzte, die Geistlichen und die Lehrer als eine Dreiheit genannt, die in einem besonderen Zusammenhang an der Zukunft der Menschheit zu arbeiten haben wird. Unter die Lehrer werden wir bei genauerem Verständnis für ihre Aufgabe mehr und mehr auch die Kindergärtnerin rechnen müssen. Obwohl die Aufgabe eines jeden Pädagogen ihre eigene Bedeutung hat, darf man sagen, daß die Aufgabe der Spielschul-Leiterin einen ganz besonderen Charakter aufweist. Er ist darin zu sehen, daß von allen Pädagogen *sie* die Aufgabe hat, im weitesten Sinne das Kinderwesen bei seinem Übergang von der Geisteswelt zur Erdenwelt zu leiten und zu beschützen. Ihre Aufgabe ist die Betreuung des Kindes, das in *zwei* Welten lebt, und das seinen Geistbesitz aus der höheren Welt in die Erdenwelt zu tragen hat. Hier kann mit Recht von einem Grenzübergang oder auch von einem „Schwellen-Übergang" gesprochen werden. Einem Schwellenübergang jedoch, der entgegengesetzt jenem ist, dem man sich später einmal — und dann von der irdischen Welt aus sich der Geisteswelt wieder nähernd — gegenübergestellt sehen wird: dem Todesaugenblick. Aber es wird hier auch noch etwas anderes ins Gegenteil verwandelt: wie beim Überschreiten der Schwelle zur Geisteswelt (wenn das nicht durch den Tod, sondern infolge geistiger Schulung schon während des Lebens geschieht), nichts Unreifes oder Unerlaubtes durchgelassen wird, so darf (im Prinzip) beim Schwellenübergang des kleinen Kindes zur Erdenwelt nichts von all den Geistesgütern, die der Seele während ihres Erdenlebens „gehören", in der geistigen Welt zurückbleiben.

An dieser Schwelle steht die Kindergärtnerin. Denn dieser zur Erde führende Übergang vollzieht sich (im hier gemeinten Sinne) nicht bei der Geburt, sondern während der Kleinkinderjahre, da nicht der Säugling oder das Baby, sondern das Kleinkind das *in zwei Welten lebende Wesen* ist, das den Abstieg vom geistigen Dasein zum irdischen in der Weise vollbringen muß, die hier immer wieder versucht wurde, darzustellen. Der Säugling *liegt* noch in der Wiege. Das etwas größere Baby *kriecht* am Boden. Die bei beiden in einer noch viel tiefer liegenden Seelenschicht sich „träumend" vollziehenden Erlebnisse werden gehegt und umhüllt von der Mutter. Auch dies ist selbstverständlich eine sehr wichtige Phase des Kindes. Doch sie ist etwas ganz anderes, ist etwas ganz anders Geartetes als das, von dem wir hier sprechen. Das Kleinkind *steht* schon mit seinen beiden Beinchen auf dem Boden, seine Seele aber lebt immer noch größtenteils im Himmel. Von König Gilgamesch erzählt die Legende, daß er zu zwei Drittel ein göttliches Wesen und nur zu einem Drittel ein Mensch war. Das ist auf *seine* Weise das Kleinkind auch! Es lebt zum größten Teil noch im Himmel, es hat noch teil an der göttlichen Welt, aber es steht doch bereits mit seinen Beinchen auf der Erde und seine Seele sucht, vom Himmel herkommend, den Weg zur Erdenwelt, der es sich leiblich schon verbunden hat, die es hören und sehen, mit seinen Händen greifen kann. Die Seele des Kindes sucht die Erde. Sie will die Schwelle zwischen Himmel und Erde überschreiten, und an diesem Schwellenübergang steht die Kindergärtnerin. Sie steht hier nicht allein. Sie steht hier, auch wenn wir das nicht wahrnehmen können, neben dem Engel des Kindes. *Allein* würde sie ihre Aufgabe nicht erfüllen können und eigentlich steht sie nicht neben dem Engel, sondern ihm gegenüber. Der Engel steht an der Himmelsseite der Schwelle und geleitet die Seele aus ihm hinaus. Die Kindergärtnerin steht an der Erdenseite dieser Schwelle und nimmt das Kind in unserer Welt in Empfang. Der Engel hilft und achtet darauf, daß die Seele alle himmlischen Gaben, die sie empfangen hat, mit sich trägt; die Kindergärtnerin bringt dem herabsteigenden Menschenwesen die nötigen irdischen Hüllen und Formen entgegen, in die es seinen himmlischen Besitz hüllen und kleiden kann, damit es ihn sicher durch die kalte Erdenwelt mit sich zu führen vermag.

Es gibt viele Schwellenübergänge im Leben, aber es gibt nicht sehr viele Menschen, die anderen Seelen gegenüber eine Schwellenhilfe, wie diese hier, zu erfüllen haben. Wenn es daher der Kindergärtnerin gelingt, ihre schöne, aber auch so verantwortungsvolle Aufgabe an dem Kinde zu erfüllen, dann können seine Lehrer später in der Schule seinen Seelen- und Geistesboden weiter bearbeiten und „weiterbepflanzen"; und so wird der zum Leben herangereifte erwachsene Mensch dereinst aus eigener Kraft sein von der Kindergärtnerin behütetes und gepflegtes Geistesgut *bewußt* zu neuer, weiterer Entfaltung bringen können.

*

Trotz der Wichtigkeit ihrer Aufgabe sieht sich die Kindergärtnerin doch der Unnatürlichkeit gegenüber, eine „angestellte Mutter" zu sein. Sie hat statt einer echten Familie eine Gruppe von lauter Kleinkindern unter ihrer Obhut, die ihrem eigenen häuslichen Kreis für einige Stunden entzogen sind. Und so wird sie für ihre vorerst „künstliche Familie" *neue* Möglichkeiten zu schaffen suchen, die die Großmutter von ehemals noch nicht besaß. Nicht nur kann sie mit den Kindern allerlei Dinge tun, die in einer Familie kaum möglich sind, wie z. B. malen, mit Wachs kneten, zur Leier singen lassen, mit ihnen Kinder-Eurythmie ausführen und andere Beschäftigungen vornehmen, — sie kann auch in sich selbst ein tieferes Gefühl entwickeln für alles das, was sich hier als Frucht einer früheren Vergangenheit dieser Seelen und als Keim für eine spätere Zukunft auftut; sie kann sich ein inniges Erleben, ein warmes Gefühl für alles aneignen, was in diesen Kleinkindern und vor allem auch in diesem *Kreis* oder dieser *Gruppe* von Kleinkindern wachsen will. Ein solches Handeln der Leiterin macht aus dieser kleinen Gemeinschaft einer „Pseudo-Familie", nicht nur einen *Kleinkindkreis mit Leiterin*, sondern einen *geistigen Familien-*

kreis, dessen „Mutter" und Mittelpunkt sie selber ist. Und wir scheuen uns nicht zu sagen, daß dies ein ganz neues karmisches Element ist, eine neue karmische Möglichkeit in der Menschheitsentwicklung und im menschlichen Zusammenleben. Gerade im Hinblick auf den Tiefpunkt, den diese Entwicklung jetzt erreicht hat, ist es so wichtig, daß sich diese neue Möglichkeit auftut. *So groß* müssen wir, davon bin ich zu tiefst überzeugt, dasjenige sehen, was sich in den Kindergärten gegenwärtig vollziehen *kann* und eigentlich auch vollziehen sollte. Hier und nirgendwo anders kann bewußt für die die Erde suchende Kinderseele die Möglichkeit vorbereitet werden, sich gesund zu inkarnieren und zu einem an Leib, Seele und Geist gesunden Menschen heranzuwachsen. Das kann gar nicht oft genug betont werden.

Diese gegenwärtig sich bietenden neuen Aspekte und Möglichkeiten für den Kinderkreis wie für die Leiterin selbst, brauchen aber nicht nur bei den künstlerisch-phantasievollen Beschäftigungen eine Rolle zu spielen, sondern sollten das auch bei den einfachen „häuslichen" Dingen: beim Zurechtstellen der Stühlchen; wenn einem Märchen gelauscht oder zur Leier, zum Glockenspiel gesungen wird. Wie gerne helfen die Kleinen beim Austeilen des Papiers, der Farbnäpfe, der Pinsel oder der Brettchen mit dem Knetwachs. Alles kann die Leiterin die Kinder ausführen lehren — immer im Bewußtsein für die Wichtigkeit auch dieser einfachen Dinge.

Indem sie sich immer wieder vertieft in das *Wesen* des Kleinkindalters, in das Charakteristische gerade „ihrer" Kindergruppe, in das Wesen eines jeden Kindes im besonderen, lernt die Leiterin nicht nur vom Kopf her, sondern vor allem bis ins Herz und bis in die Hände, ja bis in ihre Fingerspitzen hinein, zu fühlen, zu sehen und zu tun, was in jedem Augenblick zu tun nötig ist.

Dieses fühlende Lernen, zu sehen, zu tun und zu lassen, was der Augenblick gerade verlangt, bedeutet ein lebendiges In-sich-Tragen dieser Gruppe von Kindern und jedes einzelnen Kindes, das durch die tägliche Praxis ständig geübt und erlernt wird. Es ist nicht nur von Bedeutung für das sich gesund abspielende Leben im Kindergarten, sondern ebenso sehr für die Schwierigkeiten, die immer einmal auftreten werden, nicht zuletzt für jene, welche die Kinder aus ihrer häuslichen Umgebung, aus dem modernen Zusammenleben, aus dem sie kommen, in die Spielklasse hineintragen. Und wenn die Leiterin auf diese Schwierigkeiten achtet, wird ihr auffallen, daß nicht weniger als bei allem, was lebendiges Wachstum in einer solchen Kindergruppe ist, auch hier von der problematischen Seite der Arbeit her die Bedeutung und das Format der Aufgabe der gegenwärtigen Kindergärtnerin

— im Gegensatz zu dem, was früher einmal die Großmutter tat — spürbar in Erscheinung tritt. Wir leben nicht umsonst in dieser Zeit! Was könnten unsere Großeltern mit ihren für die damalige Zeit so ganz besonderen Fähigkeiten, den Kulturproblemen von heute gegenüber anfangen? Was könnten sie z. B. mit einem Kinde tun, das ernsthafte Willensstörungen hat, deren Ursache u. U. darin zu suchen ist, daß es weitere Wege kaum noch zu Fuß geht, sondern sie meist im Auto fahrend zurücklegt; was mit einem übernervösen Kleinkind, dem die menschliche Stimme, das menschliche Antlitz, das ganze menschliche Wesen fast nur noch durch den Fernsehapparat „nahegebracht wird[1]), was mit einem intellektuellen, gefühlsarmen Kinde, das noch niemals einen Menschen etwas mit seinen Händen tun oder gestalten sah und selber nur an mechanischem „Spielzeug" herumpusselt? Kurzum: was könnten sie mit dem modernen „Problemkind" tun? — Angenommen, eine Großmutter von damals würde einem Kinde von heute, das alle imaginativen Fähigkeiten verloren hat und alle Bildersprache nur äußerlich realistisch zu sehen vermag, das Märchen vom Wolf und den sieben Geißlein erzählen, und man würde ihr am nächsten Morgen berichten, daß das Kind in der Nacht schreiend aus dem Schlaf aufgeschreckt sei, weil es von dem Wolf geträumt hat, den es sich nur als blutgierig die Geißlein zerfleischendes Untier vorstellen konnte... Was könnten unsere Voreltern tun mit den Mickey-Maus-Büchern, in denen die Tiere so grotesk-abscheulich verzerrt und ihrer wahren Tier-Wesenheit völlig entkleidet, dem Kinde als „Anschauungsmaterial" vorgesetzt werden; was mit den Puppen, die nicht nur „Mama" sagen, sondern sprechen und laufen können? Die in ihrer „Vollkommenheit" der Phantasie des Kindes nichts mehr zu tun übriglassen...? Hier helfen keine instinktiven Gefühle mehr, hier kann nur noch der moderne Mensch helfen, der jene neuen Wege sucht, von denen oben gesprochen wurde.

Das Kleinkind von heute ist körperlich und geistig ständig von Gefahren bedroht. Kaum je zuvor bestand für das Leben des Kindes soviel Gefahr wie heute durch den modernen Verkehr. Die Seele des Kleinkindes aber wird in nicht geringerem Maße ihres geistigen Lebens beraubt, — und kaum einem wird es bewußt, daß überall die „Unke" — der „Amphibiencharakter", das In-zwei-Welten-Leben der Kinderseele — getötet wird. Niemals zuvor im Entwicklungsgang von Mensch und Welt mußte es als bewußte Aufgabe empfunden werden, dem Kinde behilflich zu sein, seinen Geistesreichtum ins

---

[1]) Siehe: F. H. Wilmar: „Über den Einfluß von Radio und Fernsehen auf das Kleinkind". Uitgeverij Vrij Geesteseven, Zeist.

Erdenleben hineinzu*retten.* Durch alles, was das Leben und seine Umgebung dem Kinde früher entgegenbrachte, — wozu auch die Märchen erzählende Großmutter gehörte — geschah dies von selbst und auf ganz natürlich-einfache Weise. Heute geschieht es nicht mehr von selbst. Statt ihm Helfer bei seinem geistigen Inkarnationsprozeß zu sein, sind Umwelt und Lebensgegebenheiten in vielen Dingen und in vieler Hinsicht zum Räuber und Angreifer geworden, nicht zuletzt auch zum „Verführer". Und zwar dadurch, daß sie die *äußerlichen* Bindungen an die Erdenwelt (den äußerlichen Inkarnationsprozeß) zu beschleunigen „helfen", wodurch die inneren Werte, die aus der Geisteswelt stammen, unentwickelt bleiben oder verloren gehen. Die immer stärker einsetzenden Abbaukräfte der modernen Kultur und die von ihr ausgehende Geringschätzung allem gegenüber, was geistigen Impulsen und Offenbarungen entspringt, verführen — indem sie ihr falsche Geschenke anbieten — die Seele dazu, ihre höchsten Geisteswerte zu vergessen. Und so entsteht in unserem Jahrhundert die Notwendigkeit, das Kleinkind vor all diesen Gefahren zu beschützen. Das Bewußtsein jedoch für das, was es wirklich und am dringendsten braucht, konnte erst durch die Geisteswissenschaft Rudolf Steiners geweckt werden, die zugleich auch den Weg zur Verwirklichung dieser Aufgabe weisen kann.

Die Entwicklung der Menschheit wurde ursprünglich größtenteils von den Mysterien aus, ohne daß es ihr bewußt wurde, gelenkt. Doch mit dem zunehmenden *Sich-ihrer-selbst-Bewußtwerdens* der Menschheit, das gottgewollt und „eingeplant" war, löste sie sich mehr und mehr aus diesem Gelenkt- und Geführtwerden heraus. Und so mußte auch der Strom von Mythen, Märchen und Mysterienhandlungen, wie etwa die kultischen Feiern der Sommersonnenwende u. a., den einstmals Eingeweihte dem ihn dankbar aufnehmenden Volke darbot und der im Ausklingen noch über die Märchen in die Seelen der Kinder Eingang finden konnte, zu fließen aufhören. Die dadurch, vor allem bei den Kleinkindern entstandene „Seelentrockenheit" glaubt man nun beheben zu können, indem man den verebbenden Strom durch andere „Bewässerungen" zu ersetzen versucht. Wenn irgendwo die natürliche Bewässerung versiegt, sieht man sich veranlaßt, Äcker und Gärten künstlich zu „berieseln". Und so merkte man denn auch, daß man dem „Boden", auf dem das kleine Kind wachsen und gedeihen soll und dem sein natürlicher Lebensstrom entzogen wurde, neue und andere Nahungsströme zufließen lassen muß. So wuchsen die früheren „Kleinkinderbewahranstalten" — „bewässert" von den Gemütskräften ihrer Leiter — inzwischen zu echten „Seelen-Gärtlein" heran, in denen die Kinderseele gedeihen konnte. In diesen Gärtlein, die in Deutschland so treffend „Kindergärten" genannt werden, konnte die Kinderseele von neuem gelabt und „benetzt" werden mit dem Lebenswasser der Märchen und Spiele, und vieler anderer Dinge, die echte Kinderdinge sind. Und etwas später lehrte uns Rudolf Steiner erkennen, daß die „Saat", die „Geistessaat", die in diesen „Garten" gepflegt und — im edelsten Sinne des Wortes — „kultiviert" werden soll, vom Kleinkind *selbst* aus seinem himmlischen Dasein mitherabgebracht wurde, und daß es die Aufgabe der Kinder-Gärtnerin ist, ihm den richtigen „Seelen*boden*" und dessen richtige „Bewässerung" zu bieten, damit seine Geistkeime in ihn aufgenommen werden und gedeihen können.

Durch richtiges Versorgen und „Bewässern" kann nun die Kindergärtnerin von heute auch die ursprüngliche Künstlichkeit dieser „Gärtlein", die wie alle anderen Gärten keine wirklich freie und echte Natur mehr sein können, zu einer neuen, geistgewollten Natürlichkeit werden lassen. Es ist die neue Natürlichkeit, die vom Ursprungsgebiet des VATERS übergeht in das Gebiet des SOHNES, der durch die Menschen wirkt. Wenn in einem Park Pflanzen und Bäume von Menschen gepflegt und bewässert werden, so gereicht das beiden — der Natur und den Menschen — zum Segen. Das Gärtnern ist ein segensreicher Beruf. Der auferstandene Christus wurde von Maria Magdalena im Garten von Gethsemane als Gärtner gesehen.

Im „Kinderseelengarten", also im Kindergarten, wird — genau wie in den Parks und künstlichen Gartenanlagen — die Vollendung der väterlichen Schöpfung vom SOHN in die Hände der Menschen gelegt. Aber hier ist der SOHN immer anwesend. Und wenn die „Kinder-Gärtnerin" ihr Gärtlein und ihre Kinderschar mit Hingabe und liebevollem Bewußtsein zu versorgen weiß, kann sie ihren „Garten" zu einem neuen Garten von Gethsemane machen, und dann wird sie in ihm demselben Gärtner begegnen können, den auch Maria Magdalena schaute, und der hier ebenso helfend und sorgend gegenwärtig ist.

Noch ein weiterer Punkt, der einiges Nachdenken verdient, ist für das Wirken der Kindergärtnerin von besonderer Bedeutung.

Nicht zufällig sind es die Großeltern, die meist eine stärkere Verbindung mit dem Kleinkind haben, als die Eltern selbst. Und es ist auch kein Zufall, daß es früher nicht so sehr die Mutter, sondern die Großmutter war, die den Kindern die Märchen wieder und wieder erzählte. Natürlich lassen sich dafür mancherlei Gründe anführen, z. B. daß die Eltern weniger Zeit hatten. Viel wichtiger ist jedoch die

Tatsache, daß sich in eines Menschen Lebenslauf Anfang und Ende in gewisser Hinsicht innerlich begegnen. Der alte Mensch kommt nicht nur dadurch, daß er mehr Zeit hat, sondern von innen her mehr zu Ruhe und Besinnung, wodurch sich seine Seele dem Kleinkindwesen leichter zu öffnen vermag. Umgekehrt fühlt sich das Kleinkind, das diese sich bildende Offengestelltheit tief verborgen in seinem Seelenwesen wahrnimmt, zu dem älteren Menschen hingezogen. Dieses gegenseitige Sich-Finden hat aber noch eine tiefere Bedeutung. Der alte Mensch nähert sich ja doch der Pforte *des* Reiches, das das kleine Kind erst vor kurzem verlassen hat: dem Reiche des Geistes. Das Alter fühlt näher*kommen*, was der ersten Jugend noch nahe *ist*. Die beim ersteren *zu*nehmende, bei der letzteren *ab*nehmende Geistverbindung ist es, die beide sich seelisch tief miteinander verwandt fühlen läßt.

Die Alters-Geistesnähe ist der jungen Kindergärtnerin naturgemäß unbekannt, sie ist aber andererseits auch nicht mehr im Besitz des Noch-im-Geiste-Lebens des jungen Kindes. Sie wird sich also, wenn sie vor den Kleinen steht, vielleicht anfangs recht unsicher fühlen, ja auch eine „Großmutter" sein, ja, sie muß tatsächlich so etwas wie eine künstliche Großmutter sein!

Natürlich soll das nicht mißverstanden werden. Das Vorbild der Großmutter darf nur so verstanden werden, daß das, was diese *von Natur aus* infolge ihres Alters, wenn auch größtenteils unterbewußt, empfangen durfte und was sie — auf verborgene Weise — dem Kleinkind näherbrachte, von der jungen Kindergärtnerin nun *bewußt* und aus eigenem Wollen erworben werden muß. Das bedeutet, daß sie, ohne etwas von ihren frischen Jugendkräften preiszugeben, bewußt versuchen muß, sich das große, stille Geschenk anzueignen, das ungesehen und unbewußt der Großmutter zuteil wurde: die Nähe der hohen Ursprungswelt der Kleinkindseele. Wir wollen uns hier daran erinnern, daß der Zugang zu diesen, oder auch nur das Näherherankommen an diese übersinnlichen Gebiete heute nicht mehr ein Geschenk ist, sondern daß sie durch Schulung gesucht werden müssen, wodurch dem Erreichten dann eine umso größere Wirkung sicher ist.

Auch das entspricht völlig der Bedeutung der jungen Kindergärtnerin und ihrer Aufgabe, wenn man es mit dem vergleicht, was die alte Großmutter vergegenwärtigte. Wo sie in ruhiger Weisheit lebte und handelte, andererseits aber nicht imstande war aus ihrer, alten Kräften entstammenden Welt herauszutreten, kann die junge Kindergärtnerin von heute das neue Bewußtsein suchen, das vorerst zwar noch in weiter Ferne liegen wird, aber doch durch innere Schulung zu entwickeln ist; das Bewußtsein, das Herz und Hände wärmt und zugleich der Seele einen immer tieferen Einblick in das Wesen des Kleinkindes vermittelt. So aus dem Verlust des Alten das Neue entwickelnd, erweist sich dasjenige, was die heutige Kindergärtnerin tun und erreichen kann, gegenüber dem alten, früher Geschehenden als von nicht geringerer, ja sogar als von größter Bedeutung und als fruchtbar in die Zukunft wirkend. Wunsch und Wille, das tiefere Wesen des Kleinkindes und alles, was zu dessen Leitung nötig ist, begreifen zu lernen, wie auch das aus diesem Wollen und aus diesem Bewußtsein für das Kleinkind sich erwärmende Herz: das ist es, was *jetzt* die Zeit-Entwicklung auf diesem Gebiet von ihr erwartet.

Außer diesem allen gibt es aber noch etwas sehr Besonderes und sehr Belangreiches, das bei all diesen Betrachtungen und dem guten Willen, das wesentlich Notwendige anzustreben, nicht vergessen werden darf. Etwas, das allem, was wir für das — und mit dem Kleinkinde tun, erst seine wahre Wirkung und seinen wahren Wert gibt und ermöglicht. Es ist die *Fröhlichkeit,* die *Freude.* Wie eine nächtlich graue Landschaft ihr eigentliches Leben erst offenbart, wenn das Tageslicht sich über sie ergießt, so bekommt die „Landschaft" des Kindergartens erst ihre wahre Bedeutung, wenn die Sonne der Fröhlichkeit sie durchstrahlt. Nicht die äußerliche, sondern die wirklich von innen her aufquellende, direkt aus dem Verhältnis zum Kleinkind selbst erwachsende Herzensfröhlichkeit der Leiterin ist Seelen-Atem für das Kind. Nur in dieser Seelen-Atmung, in dieser Seelenfreude kann es gedeihen, wie eine Pflanze im Lichte der Sonne gedeiht. Wo sein jetzt noch schlummerndes Ich-Bewußtsein noch nicht zum bewußten Eingreifen in das eigene Seelenleben imstande ist, ähnelt das Kind tatsächlich einer Pflanze, deren Leben von dem von außen kommenden Sonnenlicht abhängig ist. Darum ist es von größter Wichtigkeit, daß die Leiterin eines Kindergartens bei allem Ernst ihrer Ideale auch die wahre innere Fröhlichkeit zu finden weiß. Und eigentlich ist gerade dies die Voraussetzung für jede echte Kindergärtnerin. Jedes freundlich-freudige Lächeln wird, wenn es ihr aus dem Herzen kommt, dem Kleinkind einen wertvolleren „Proviant" auf seinen Lebensweg mitgeben als ein verdrießlich stimmendes ernstes Ideal. Ein äußerlich zur Schau getragener Ernst kann von dem kleinen Kinde weder verstanden noch verarbeitet werden, und wird auf sein Seelenleben immer einen Schatten werfen.

Keiner Seele darf auf ihrem Entwicklungswege das Licht der Freude fehlen; während aber der Erwachsene sich dieses Licht selber schaffen kann, muß dieses Geistesgut dem Kleinkind geschenkt werden. Wir müssen vom Kindergarten im tiefsten Sinne des Wortes als von einer ernsten Kultstätte sprechen, die der Freude geweiht ist. Und immer, wenn wir in einen Kindergarten eintreten, sollten wir Schillers Gedicht „An die Freude", mit dem der so tief ernste Beethoven seine Neunte Symphonie ausklingen läßt, in uns aufbrausen hören und sie im Herzen tragen:

> „Freude, schöner Götterfunken,
> Tochter aus Elysium,
> Wir betreten feuertrunken
> Himmlische, dein Heiligtum."

Und wir sollten immer daran denken, daß das, was Beethoven und Schiller als große Geister erlebten, immer nur in Wirklichkeit durch uns selbst erfahren werden kann: daß der wahrhaftig tiefste Ernst zur höchsten Freude führt. Bezüglich unseres Verhaltens dem Kinde gegenüber möchten wir das so ausdrücken: die hingebungsvolle Vertiefung in das Wesen des Kleinkindes wird im Kindergarten zur größten Freude und zur hellsten Fröhlichkeit verhelfen.

Und so hoffen wir, daß nun auch der letzte ernste, zugleich leuchtend-ernste Punkt, den wir noch zu betrachten haben, mit der dazugehörenden Helle und Freude zu erörtern sein wird.

Zu wissen, am Zukunftsquell der Menschheit stehen zu dürfen, wird in vielen Menschen sicherlich — besonders aber in jedem Pädagogen — ein tiefes Gefühl der Verantwortung aufrufen. Und es wird im besonderen Maße der Fall sein bei jenen, die neue Wege suchen, um das Wesen mit dem Janusblick, das Kleinkind, dem Leben entgegenzuführen.

Letzteres nicht nur, weil für die kommenden Zeiten soviel davon abhängt, auf welche Weise diese Lebensphase durchgemacht wird, sondern auch, weil diese so überaus verletzbare Lebensperiode immer schwerer von den herabziehenden Tendenzen der gegenwärtigen Kultur belastet wird. Dies geschieht jetzt in so beunruhigender und rasch zunehmender Weise, daß wenig Hoffnung besteht, daß die gegenwärtige Kleinkind-Generation in Zukunft ein echtes geistiges Leben wird führen können, wenn die Voraussetzungen dafür nicht von den sie behütenden Erwachsenen bewußt *erkämpft* werden.

Eine besonders bedeutsame Rolle spielt das bei den so reichbegabten, lange träumenden Kindern. Wir sahen, daß wir die für die nächste Zukunft wichtigsten Geistkeime in jenen Seelen suchen müssen, die mit den stärksten kosmischen Impulsen auf die Erde kommen und die gerade darum auch den längsten und tiefsten Kleinkindtraum durchleben sollten. Dabei werden wir uns bewußt sein müssen, daß diese Seelen sich für ihren ersten, wichtigen Kontakt mit der Erde doch wohl Orte suchen werden, wo sie ihren Kleinkindtraum in aller Ruhe und Tiefe, zugleich aber mit voller innerer Lebendigkeit ausleben können. Diese Orte werden dort zu finden sein müssen, wo es Menschen gibt, denen der Kleinkindtraum eine Realität ist, und die es als selbstverständlich ansehen, dem kleinen Kinde die Gelegenheit zu seinem großen langen Traum zu schenken und ihm zu helfen, noch träumend sein Geistesgut in der Erdenwelt unterzubringen. Ein solches „Seelenklima" wird die herabsteigende Menschenseele schon von der Geisteswelt aus suchen und dann auf der Erde dort finden, wo nach der Verwirklichung alles dessen gestrebt wird: in unseren Waldorf-Kindergärten. Die Waldorf-Kindergärtnerin weiß sich diesem aus Geisteshöhen quellenden Leben, das die Zukunft aus sich hervorbringen soll, verbunden; diesem tiefen Quell, dessen strömendes Lebenswasser mehr und mehr durch ihr Bewußtsein, durch ihr Herz und durch ihre Hände fließen muß.

Schlußwort

Wo das Alltagsbewußtsein, das irdische Wahrnehmen und Denken zu einem geistigen Bewußtsein entwickelt werden soll, kann dies erst seine wahre Bedeutung erlangen, wenn es gelingt — im Gegensatz zu dieser aufsteigenden Entwicklung — den einstigen Herabstieg des Menschen, der ihn aus einem Dasein im Geisteslicht zur irdischen Dunkelheit hinabführte, und der seit Urzeiten immer wieder erlebt und durchgemacht wird, als Anfangsmotiv zu sehen. Dann erst ist das angestrebte Ziel: die Geisteswelt zu begreifen, die der Ursprung der Menschheit war und zu dem sie — nun aber in hohem Maße verwandelt — zurückkehrt. Vom VATER kommend, hat der Mensch in seiner Seelen-Einsamkeit gelernt, die Liebes- und Wärmekräfte des CHRISTUS und auch das Licht des GEISTES in sich selbst zu suchen. Wenn er dann in das „Vater-Land" des Geistes zurückkommt, wird er dort das, was vom SOHN und vom GEIST ausgeht, wiederfinden.

Bei dem, den Sinn der Menschheitsevolution offenbarenden Rückblick auf den, mit einem Abstieg beginnenden, Anfang dieser Entwicklung, wird man zugleich auch an die alten Urkunden erinnert: an den Sündenfall, an die Vertreibung des Menschen aus dem Paradiese, (dem *Garten* Eden!) an den Brudermord Kains u. v. andere. Diese Rückschau auf den Abstieg des Menschen aus der Geisteswelt kann jedoch viel intimer und in einer viel näherliegenden Sphäre vorgenommen werden: durch das Wahrnehmen, d. h. durch das tief-innerliche Insichaufnehmen des aus seiner Traumwelt (d. i. aus seiner VATER-Welt) herabsteigenden kleinen Kindes. Der gesamte Entwicklungsgang der Menschheit wird von jedem Menschen im Laufe seines Lebens von neuem und gewissermaßen im kleinen wiederholt. Jedes kleine Kind muß, wenn es etwas älter geworden ist, das Geistesparadies, in dem es zum Teil noch lebt, verlassen, wie das auch die gesamte Menschheit tun mußte. Jeder Erwachsene lebt in der geistlosen

Einsamkeit des Erdendaseins, wie ja auch heute die Menschheit als Ganzes vom *lebendigen* Geist verlassen ist.

In jedem Greis erwacht, wenn auch fast immer völlig unbewußt, das Verlangen, sich von neuem mit dem Geiste zu verbinden, um dazu beitragen zu können, daß in jener fernen Zukunft das jetzt seelisch vergreisende und erstarrende Menschengeschlecht geistig neu geboren werden wird. Das Gilgamesch-Epos berichtet davon in folgendem Bilde: König Gilgamesch erhält von einem Vorfahren das Kraut, das da heißt: Jung wird der Mensch als Greis. Doch dieses Kraut wird ihm von einer Schlange geraubt. Wir leben heute in einer Zeitepoche, wo wir uns dieses Kraut, das auch wir von Geistesboten empfangen haben, nicht mehr rauben zu lassen brauchen. Wenn uns das Menschenleben zum Bilde wird für die ganze Menschheitsentwicklung, können wir dazu beitragen, daß dieses Wieder-jung-Werden des Menschen, daß dieses Wiederfinden des *lebendigen* Geistes, der jetzt geistig vergreisenden Menschheit einstmals möglich sein wird. Und es ist das kleine Kind, das sowohl hinsichtlich seiner eigenen Zukunft wie auch der der gesamten Menschheitsentwicklung gerade dabei eine besonders wichtige Rolle spielt.

Während ich an diesem Buche arbeitete, hörte ich, daß Dr. Ita Wegman, als bei irgend einer Gelegenheit von der seelisch-geistigen Verkümmerung gesprochen wurde, von der das moderne Kind bedroht ist, spontan gefordert habe: „Man sollte einen Kreuzzug zum Wesen des kleinen Kindes unternehmen...!"

Diese, von echter Liebe und tiefer Verantwortung für das Kind zeugenden Worte, sind das Motto, das ich dieser Studie vorangestellt habe. Wenn dieses Buch, nachdem meine frühere Schrift den Weg zum Verständnis des Kindes über die Märchen suchte, jetzt über die Spiele etwas von dem verborgenen Wesen des Kleinkindes dem Leser nahezubringen vermochte, so hoffe ich, etwas dazu beigetragen zu haben, daß die Rolle, die das Wesen des kleinen Kindes in dieser Zeit für die Menschheit zu erfüllen hat, erkannt und somit von ihm selbst verwirklicht werden kann.

D. Udo de Haes

Muss wandern, muss wandern vom Berge über die

Tä - ler. Da kommt der kleine Springer in das Feld,

schwenket mit dem Hut, stampfet mit dem Fuss. Komm wir wollen

springen gehn, tanzen gehn, die andern müssen

stille stehn, stehn.

Sacktüchlein legen, niemandem sagen, hab die ganze

Nacht gewacht, zwei Paar Schuhe hab ich

fertig gemacht; eines aus Stoff und eines aus Led'r;

Hier leg ich mein Sacktüchlein nied'r.

Hast du wohl gehört von dem Sieben, dem Sieben,

hast du wohl gehört von dem Siebensprung? Sie

sagen dass ich nicht tanzen kann, ich kann

tanzen wie ein Edelmann : das ist

usw. bis sieben

Eins..... Eins das ist Zwei.....

Ich hab ein schönes Spiegelein gefunden, hab's mir auf mein

Herzelein gebunden. Nun kehr dich um, nun kehr dich um, und

wer kehrt sich da umme? Lieb Ännchen hat sich

um- me gekehrt, das hat ihm ein liebes

Mäd- chen gelehrt. Nun kehr dich um, nun

kehr dich um, lieb Ännchen kehrt sich umme.

Wir kommen aus fernen Landen, Margo , Margo, Mar-

Was habt ihr..........................

gocheltje ; Wir kommen aus fernen Landen , Mar-

Was habt ihr.......................

gochel - tje .   Es soll sein, es soll sein,

es soll unsre Antje sein.

Ich möcht' so gern eine kette binden,

aber ich kann den Faden nicht finden,

ha, ha, vic - to - ri - a! Ha, ha, vic-

to - ri - a!

Zwischen Kölle und Paris liegt der Weg nach

Rome; jeder der mit uns will gehn,

der muss unsre Ma - nieren verstehn.

So sind unsre Manieren, so sind unsre Ma-

nieren, so sind unsre Manieren, Manieren,

so sind unsre Ma - nieren.

Weisse Schwäne, schwarze Schwäne, wer will mit nach

Engelland fahren? Engelland ist geschlossen, der

Schlüssel ist zerbrochen. Ist denn nicht ein Schmied im Land,

der den Schlüssel machen kann? Lass durchgehn, lass

durchgehn, der Letzte   der wird vorn stehn.
        der Letzte   wird gefangen.

Zeigt her eure Füsse, zeigt her eure Schuh', und

sehet den fleissigen Waschfrauen zu. Sie

waschen, sie waschen, sie waschen den ganzen Tag; sie

waschen, sie waschen, sie waschen den ganzen Tag.